PRINCIPIO
DEL
FIN

PRINCIPIO DEL FIN

John Hagee

BETANIA

Un Sello de Editorial Caribe

Betania es un sello de Editorial Caribe,
una división de Thomas Nelson, Inc.

©1996 EDITORIAL CARIBE
P.O. Box 141000
Nashville, TN 37214-1000, EE.UU.

E-mail: caribe@editorialcaribe.com

Título del original en inglés:
The Beginning of the End
©1996 por *John C. Hagee*
Publicado por *Thomas Nelson Publishers*

ISBN: 0-88113-436-8

Traductor: *Rubén de Peña Márquez*

5ª Impresión

San Antonio 20 feb 06.

DEDICADO A MIS PADRES:

Rvdo. Bythel Hagee y Vada Swick Hagee,
cuyo amor a la Palabra de Dios
ha sido la razón de mi existir.

Querida y Siempre bendecida
Lucerito;

Esperamos que al leer
este libro el Señor te de enten
dimiento, en las cosas pasadas
y por venir. Todo está escrito
lo que nos falta es comprender
y este Autor, (el cual conocemos personalmente) es muy
especial en su interpretación
de la profecía y al mismo
tiempo, nos la hace más
facil de entender. Que el
Señor te siga bendiciendo y
que proteja tan especial
Unción que te ha dado.

Jorge y Cristina

Contenido

Introducción

Por cientos, y aun miles de años, los cristianos y los judíos han estado buscando a su Mesías. Según estos últimos, el Mesías todavía no ha venido. Para los cristianos, ya vino y vendrá otra vez.

Estoy escribiendo este libro porque quiero que sepa que la venida del Mesías no consiste en otra teoría a debatirse entre eruditos; no es una fábula para que la pase por alto el de pensamientos elevados; no es una historieta para que la acepte el escéptico; tampoco es un acertijo para que lo solucione el de mentalidad obsesiva. Es la verdad más importante de nuestro tiempo, y debemos no simplemente aceptarla, sino esperarla con fruición, abrazarla y vivirla.

Creo esto, no por el hecho de tener plena confianza en lo que dice la Biblia sobre el futuro, sino también porque los sucesos de estos últimos meses inexorablemente me hacen concluir que la venida del Mesías está a la puerta. Ningún acontecimiento en toda la historia actual enfatiza más esto que el asesinato de uno de los hombres más prominentes de nuestra época: Yitzhak Rabín.

Estoy escribiendo este libro para ayudarle a comprender cómo los sucesos que estamos viviendo recientemente encajan dentro del acelerado plan profético de Dios para el mundo, Israel y usted.

Pero quiero que se percate no sólo del contenido de este material, sino del resultado que puede producir en su vida. ¡Quiero que este libro le despierte y le haga entender que los acontecimientos profetizados se están produciendo rápidamente y le afectarán!

Con cada tictac del reloj, las profecías de la Palabra de Dios se acercan cada vez más a su cumplimiento. No es pura coincidencia: es una demostración irrefutable de que Dios tiene el control absoluto de toda la historia humana. La voluntad de Dios se va a cumplir. Su victoria va a ser cabal. Mientras lee este libro, quiero que se pregunte si el Dios que controla la historia le controla a usted. ¿Se ha rendido plenamente a su soberanía? ¿Es usted acaso un tope en medio de la vía que Dios cruzará cuando su palabra se cumpla?

También escribo este libro para ayudarle a comprender que mañana puede ser totalmente diferente al día de hoy.

Esta noche puede que no sea igual que esta mañana. La próxima hora puede ser diferente a esta hora. No hay en lo absoluto ninguna garantía de que mañana será como hoy, y espero que este libro logre que entienda claramente esto. Hay un mañana que acomodará los hechos que transformarán completamente este planeta y que cambiarán radicalmente su vida y su futuro. No es tiempo de posponer lo que usted sabe hacer correcto en su vida. No es tiempo de trasmañanar. No es tiempo de dar satisfacciones. Tampoco es tiempo de tibiezas. *Es* tiempo de darse cuenta que un día cesará definitivamente el tiempo y que las opciones que uno ha adoptado en la vida serán ratificadas irrevocablemente por toda la eternidad.

He escrito este libro pensando en tres tipos de lectores:

- *Judíos*: Estoy escribiendo como un amigo para mostrales lo que la Palabra de Dios dice en cuanto a las decisiones que confronta Israel y el pueblo judío a raíz del asesinato de Yitzhak Rabín y las posibilidades y el precio de que haya paz en el Medio Oriente. Quiero mostrales el futuro de Dios para Israel y Jerusalén. También quiero hablarles de lo que la Palabra de Dios dice sobre el pasado y el futuro del Mesías.

- *Cristianos*: Estoy escribiendo para aumentar su confianza en Dios y en su palabra. Lo que Él ha predicho se cumplirá, e incluso muchas de esas cosas las vemos hoy día. Estoy escribiendo para inspirarles valor. Dios no sólo provee, sino que también nos protege en nuestro diario andar y de la ira venidera. Ahora más que nunca necesitamos esforzarnos y ser valientes en hacer muchas cosas para Dios y esperar grandes cosas de Dios. El tiempo es corto.

- *Los que no se fueron en el Rapto*: Estoy escribiendo a quienes encuentren este libro en el futuro, cuando ya haya llegado la tribulación. Quizá estén confusos y horrorizados por los acontecimientos sin precedentes que están experimentando. Es posible que estén escondidos. Al igual que otros tantos libros, este libro quizás les llegó de contrabando. Es posible que se sientan solos. Quizá tengan hambre y sed, y a lo mejor están sin hogar y gravemente enfermos. Es posible que sientan un profundo dolor interno por la horrible carnicería humana que se hizo con sus familiares y amigos. En este momento se sienten inclinados a creer las explicaciones que sobre estos acontecimientos ofrece el líder mundial, explicaciones que todo el mundo aparentemente ha aceptado ciegamente. Sepan esto: la Palabra de Dios hace siglos que predijo todos estos acontecimientos. Al igual que todo lo que experimentan ahora fue predicho hace mucho tiempo, la Palabra de Dios también predice que todos los enemigos del Mesías serán inevitable y completamente destruidos pronto. Lean este libro y podrán conocer al verdadero Mesías. Presten atención a este libro, y luego levanten sus cabezas. Su redención se aproxima.

CAPÍTULO UNO

El asesinato

Yigal Amir, un joven estudiante judío que estudió leyes y computadoras en la Universidad Bar Ilan de Tel Aviv, se vistió cuidadosamente. Antes de salir de su alcoba, se detuvo frente al espejo y se contempló por un largo rato.

La fecha era el sábado 4 de noviembre de 1995, noche en que el primer ministro israelí, Yitzhak Rabín, asistiría a una manifestación a favor de la paz en Tel Aviv.

Sus ojos pardos, grandes y expresivos, parpadeaban lentamente. En dos ocasiones anteriores había estado cerca del Primer Ministro en el Yad Vashem, un monumento conmemorativo del Holocausto; pero el equipo de seguridad era impenetrable. Tenía oculta el arma asesina en el bolsillo. Estaba preparada para usarla en cualquier momento. Estaba cargada con unas balas especiales hechas por Hagai, el hermano de Yigal. Hagai había hecho huecos en las puntas de las balas de nueve milímetros para hacerlas más letales. Solo necesitaba una... cuando llegara el momento. Cuando llegara el debido momento.

Siguió contemplando sus rasgos: tenía los ojos de su madre, y una barba suave y ensortijada como la de su padre.

Esa noche, si Dios lo permitía, se presentaría la oportunidad. Ya Rabín jamás podría transferir territorios israelíes a los palestinos. El daño que causó en la Margen Occidental y la Franja de Gaza era más que suficiente. Israel tenía derecho divino a la tierra, y regalarla era un acto de traición a Israel y una abominación a Dios.

Yigal sonrió levemente ante el espejo, se puso su chaqueta encima de la camiseta y salió a la calle.

Dos horas más tarde, atravesó la multitud para alcanzar el auto del Primer Ministro. Conversó breve y amablemente con un policía que no tuvo ni la más remota sospecha de Amir. Los guardias de seguridad estaban protegiendo a Rabín de asesinos árabes; parecían no prestar atención a la multitud de jóvenes judíos que caminaba cerca del vehículo blindado. Amir rondaba cerca del auto e incluso intercambió una que otra sonrisa con un guardaespaldas; es posible que aquel agente le hubiera confundido con uno de los choferes.

Se ocultó detrás de un árbol y desde allí sacó el arma del bolsillo. Estaba fría. Era pesada. Era el arma ideal para la defensa de Israel y para cumplir la voluntad de Dios.

La multitud estaba eufórica y Rabín se desplazaba precisamente por donde estaba Amir, mientras que hablaba con un hombre a su izquierda.

Yigal estiró el brazo y apretó el gatillo de su Beretta de 9 mm. Dio en el blanco perfecto.

—¡No pasó nada!, ¡no pasó nada! —alguien gritó, y a Yigal le asombró que fuera su propia voz.

Rabín y un guardaespaldas herido se desplomaron dentro del auto mientras unas manos fornidas agarraron con firmeza a Yigal por hombros y brazos; otra persona le arrebató el arma de las manos, mientras otras lo doblegaron en el suelo donde sintió el asfalto contra su mejilla.

Hubo gritos, chillidos y excitación por todos lados.

—Actué solo por orden de Dios y no tengo nada de qué arrepentirme —susurró mientras su aliento sacudía el polvo del camino. Repitió de nuevo en voz baja esta declaración, como practicando. Pronto diría al mundo por qué lo hizo. Por ahora se conformaba con que todo el mundo descubriese lo que había cometido.

Yitzhak Rabín, el guerrero estadista

El mundo quedó sumido en perplejidad y dolor cuando una mano llena de odio segó la vida del primer ministro Rabín de Israel. No fue un terrorista árabe el que cometió aquel infame crimen. Fue un coterráneo de Rabín. Otro judío.

Yitzhak Rabín fue un guerrero estadista que, gracias a su impecable organización de las Fuerzas de Defensa Israelíes logró en el 1967 una derrota vergonzosa de los enemigos de Israel. Era un antiguo soldado conocido por ser de mano dura con los palestinos; ellos sabían que era un hombre de acción.

Pero a la vez era un hombre de paz. No era ningún idealista soñador que pretendía un acuerdo de paz imposible con sus enemigos de antaño. Era un veterano estadista de nervios de acero que procuraba el tesoro de la paz tan codiciado por Israel.

El mundo lloró su muerte. Los líderes mundiales rodearon el féretro en el cementerio Monte Herzl de Jerusalén.

El presidente de Egipto, Hosni Mubarak, y el rey Hussein de Jordania rindieron tributo al hombre que los derrotó en el 1967.

Bill Clinton, George Bush y Jimmy Carter eran solo parte de la delegación de Estados Unidos; el primer ministro británico John Major, el canciller alemán Helmut Kohl y el presidente de Francia Jacques Chirac también asistieron.

Representantes de seis estados árabes y la autoridad palestina asistieron al funeral; la mayoría visitaba la tierra de sus antepasados por primera vez. *Reuters NewMedia* reportó: «La presencia de oficiales de tantos estados árabes y del antiguo archienemigo de Israel la Organización para la liberación de Palestina [OLP], hubiese sido imposible tres años atrás cuando Rabín tomó el poder».[1]

Yasser Arafat, jefe de la OLP, vio el funeral en la televisión y luego visitó a la viuda de Rabín y le ofreció sus condolencias. «Espero que Dios nos ayude a continuar nuestro muy difícil camino y el proceso de paz», dijo.

El primer ministro en funciones, Shimon Peres, dijo: «Hemos tomado la determinación de continuar con el proceso de paz».

Leah Rabín, la viuda del abatido líder, dijo a una multitud que estaba frente a su casa: «Creo que el asesinato a sangre fría de este hombre que hizo tan magna contribución al proceso de paz, va a afectar a muchas personas y quizás[...] produzca cambios en la conciencia pública».[2] Creo que estas palabras fueron proféticas.

Pero la persona que más tocó las fibras del corazón mientras hablaba fue Noa Ben-Artzi Philosof, la nieta de dieciocho años de Rabín. Ahogada en llanto, se paró delante de un mar de cámaras televisivas y en calma pidió que los ángeles lo protegiesen. «Hombres relevantes ya te han encomiado, pero ninguno ha sentido, como yo, las caricias de tus tibias y suaves manos, ni tu cariñoso abrazo reservado solo para nosotros y tu media sonrisa que siempre me decía tanto. Esa misma sonrisa ya no existe; se ha ido contigo», dijo. «Te amamos, abuelo, por siempre».[3] El mundo escuchó y lloró.

Después de regresar del funeral de Rabín, el presidente de la Convención Bautista del Sur, Jim Henry dijo: «Esto [el crimen] provocará que [líderes mundiales] en un futuro inmediato ejerzan presión para que se realice este proceso. La muerte [de Rabín] dio lugar a que la gente se diera cuenta, en cierto modo, lo que cuesta la paz. Hay un clamor popular para que continúe el proceso; todo el mundo quiere que se haga algo. Él era el pegamento, el cemento en este proceso, y será interesante cómo esta circunstancia va a influir a largo plazo».[4]

¿Interesante? Yo diría que muy interesante. Creo que en el instante que Yigal Amir haló el gatillo, se definió una nueva etapa en la historia mundial.

Recuerdos de Rabín

Conocí al primer ministro Rabín en varias ocasiones; antes y después de ser Primer Ministro. Típicamente, la mayoría de la gente que lo conocía notaba al principio cierta timidez en él, pero después de varios minutos de conversación su amabilidad y simpatía sobresalían.

Nuestra primera reunión fue la más memorable. Mi esposa Diana y yo nos encontrábamos en el Hotel Weston en Houston, donde se celebraba una cena organizada por *Israel Bonds*, entidad judía de recaudación de fondos para el Estado de Israel.

Desde 1981, la iglesia Cornerstone de San Antonio, la cual pastoreo, realiza una actividad llamada «Noche para honrar a Israel», por lo que nos invitaron a la cena del *Israel Bonds, a esa actividad se invitaron las personas de mayor relevancia dentro de la comunidad judía.*

Diana y yo estábamos sumamente contentos de formar parte de ese encuentro, de manera que volamos desde San Antonio a Houston y nos dirigimos en taxi hacia el Hotel Weston. Llegamos temprano. Fuera del salón de banquete, Yitzhak Rabín estaba parado cerca de la puerta junto a otros representantes de *Israel Bonds*.

Bob Abrams, director de dicha organización, me presentó formalmente al futuro Primer Ministro. Le extendí la mano; Rabín me la estrechó con amabilidad y me preguntó:

—¿Qué es la noche para honrar a Israel?

—Es un acontecimiento al que fui inspirado mientras oraba en el Muro Occidental en Jerusalén en la primavera de 1978 —le contesté—. Era mi primera visita a Israel y sentí una presencia muy especial en la ciudad de Jerusalén. Sentí en ese momento que Jerusalén era mi patria espiritual.

Rabín escuchaba con atención, lo cual me motivó a seguirle hablando.

—Cuando oraba en el Muro, un judío, vestido con su atuendo especial de oración, oraba a mi lado inclinándose y besando su librito de oraciones. Mientras le veía orar, me di cuenta de cuán poco conocía sobre mis raíces judías como cristiano. Desde ese momento me he sentido divinamente inspirado a reunir tanto a cristianos como a judíos en un lugar público para celebrar todas las cosas que tenemos en común, para honrar la nación de Israel y para combatir el antisemitismo.

Rabín movió su cabeza hacia un lado, me miró con fijeza a los ojos durante diez segundos más o menos sin decir una sola palabra. *¿Acaso no piensa contestarme?* Pensé por un momento.

Finalmente el rostro se le iluminó con su famosa media sonrisa y dijo:

—Eso es magnífico. Gracias por su ayuda, pastor.

Diana y yo entramos al suntuoso salón de banquetes y nos sentamos en nuestra mesa. He estado en legiones de banquetes, pero este era uno de los más lujosos al que jamás haya asistido. Había una plataforma de dos hileras frente al salón; en cada una se encontraban aproximadamente treinta personas: la flor y nata de la sociedad de Houston.

Nosotros éramos los únicos gentiles presentes.

Después de una comida *kosher* y una agradable conversación, Yitzhak Rabín fue presentado y el estadista ofreció información actualizada sobre la situación en Israel y las relaciones bilaterales entre Estados Unidos e Israel. Habló lentamente, con voz profunda pero estrepitosa que cautivó a toda la audiencia. Su análisis de la situación mundial fue brillante y todos sus argumentos estaban bien fundamentados.

Después del discurso de Rabín, Harry Goldberg, uno de los directores de la actividad, tomó la palabra.

Harry es un tipo pragmático. Anunció que para ahorrar tiempo cada mesa seleccionara a una persona para anunciar las donaciones que cada persona trajo para la causa de Israel.

En ese momento sentí que me corría sudor por la frente. Harry Goldsberg me dejó casi sin voz cuando anunció que iba a donar $250,000. Inmediatamente señaló a uno de sus socios y dijo:

—Y él también va a donar $250,000.

¡Gracias, Dios mío, que Harry no me conoce!

Cada persona en la plataforma hizo sus donaciones; grandes e increíbles sumas de dinero. Luego la atención se volcó hacia el piso principal del salón de banquetes. La donación más pequeña hecha en las dos primeras mesas fue la de una pequeña señora judía que agarraba firmemente su cartera: $25,000. Diana se inclinó y me dijo en voz baja:

—¡John, creo que ella tiene todo ese dinero en la cartera!

Al poco rato miré a Diana y le hice una de las preguntas más tontas que he hecho en mi vida adulta:

—¿Trajiste la chequera?

Ella me miró y se rió a carcajadas. Cuando se tranquilizó, me dijo:

—¿Qué más da si la traje? —y sonriendo prosiguió—. Puedes tener todos los cheques que quieras, que en el banco no hay nada. En aquel momento nuestra iglesia era mucho más pequeña y nuestras finanzas eran sumamente limitadas.

Pasaron los minutos y llegó el momento de pánico. Estábamos en la tercera mesa y era hora de mencionar lo que íbamos a donar. Miraba a mi alrededor y tuve la tentación de fingir un ataque cardíaco para que Diana me sacara del lugar. Le dije a Diana que buscaríamos mil dólares en algún lado, aun si tuviésemos que pedir un préstamo al banco. Con humildad y con la voz más apagada que pude lograr dije al vocero de nuestra mesa que Diana y yo daríamos mil dólares. Pestañeó por un momento y luego dijo:

—¿Puede por favor repetir lo que dijo?

—Mil dólares —volví a decir a pesar de que el rostro me ardía de rubor.

Esa suma era tan baja que quería que se abriera la tierra y me tragara.

No estaba absolutamente preparado para lo que sucedió después. El vocero de nuestra mesa anunció a todo pulmón a la audiencia:

—El reverendo Hagee y su señora darán mil dólares.

El próximo instante pareció una eternidad. Un crudo silencio inundó todo el salón. Quería desaparecer, al desconocer lo que pensaban de nosotros. Me preguntaba cuántas cosas negativas estarían pensando.

En ese momento una media sonrisa emanó del rostro de Yitzhak Rabín y empezó a aplaudir lenta, metódica y rítmicamente. Atónito elevé la mirada hacia él y en ese momento toda la audiencia dio un estruendoso aplauso. Los otros invitados se pusieron de pie y continuaron aplaudiendo; tomé a Diana de la mano y miré hacia el piso con la cara roja como un rubí. ¿Una ovación de pie por mil dólares?

Lo que pensaba que era una suma insignificante, Rabín la agradeció. Hubo gratitud en mi corazón porque dio la aprobación a dos gentiles que no tenían nada que ofrecer, pero amaban a Israel.

Nunca sentí tanta vergüenza en mi vida y jamás recibí tanto reconocimiento por donar mil dólares. Pero siempre estaré agradecido de Yitzhak Rabín por un recuerdo tan hermoso que atesoraré toda mi vida.

Paz a cualquier precio

La bala que mató a Yitzhak Rabín aceleró el cumplimiento de la profecía bíblica. ¿Por qué lo decimos?

Para entender los motivos que originaron este crimen debemos ante todo entender la historia reciente de Israel. Escuche lo que dice el rabino Eliezer Waldman cuando explica cómo y por qué muchos israelíes no estaban conformes con el acuerdo de la Margen Occidental firmada recientemente en la Casa Blanca: «Nuestro gobierno se reunió secretamente con la OLP, violando la ley, a espaldas del pueblo», dice. «Ese acuerdo trajo consigo un sinnúmero de cambios drásticos y peligrosos en la política israelí, los cuales afectan la seguridad de la nación. Apenas con una escasa mayoría del gobierno y, lo más probable en contra de la mayoría del pueblo, se acordó ceder partes vitales de nuestro territorio. Y lo más doloroso de todo esto es que Jerusalén está dentro de posibles negociaciones futuras. Dicho acuerdo cerró toda posibilidad de protesta y aun sancionaba a todos los que abiertamente se oponían a tales cambios».[5]

El asesinato de Rabín sucedió en un momento en que la opinión pública sobre este acuerdo en Israel estaba muy débil. Los acuerdos de paz firmados por Rabín y Arafat en la Casa Blanca estipulaban que las tropas israelíes se retirarían, después de su ocupación durante veintiocho años de seis ciudades principales de la Margen Occidental y se las devolverían a las autoridades palestinas. Antes del asesinato de Rabín algunas encuestas concluían que la población estaba dividida en cuanto a su opinión del acuerdo de paz. Una semana después del crimen una encuesta hecha por la agencia *Dahaf* mostraba que un abrumador setenta y cuatro porciento de la población judía estaba de acuerdo en que el gobierno continuase con las negociaciones de paz con Palestina. En encuestas recientes también se mostró que el líder del partido obrero Rabín había quedado detrás de su rival Binyamin Netanyahu, líder del partido Likud. La agencia *Dahaf*, por otro lado, mostró que si las elecciones se hiciesen en el momento de la publicación del sondeo, el cincuenta y cuatro porciento votaría por Peres y el partido obrero, y solamente un veintitrés porciento lo haría por Netanyahu.[6]

Las balas de Yigal Amir derramaron la sangre de alguien que había recibido el Premio Nobel de la Paz, proclamado como mártir por la paz a los pocos minutos de su muerte. Su sangre será ahora la fuerza que unirá la nación de Israel y otros líderes del Medio Oriente para buscar objetivos comunes de paz y así honrar el legado de paz de Yitzhak Rabín.

«No hay nada más que podamos hacer... sino continuar el gran camino trazado por un gran líder», dijo el Primer Ministro en funciones Shimon Peres a los reporteros después de una reunión de emergencia del gabinete horas después del asesinato. «Me pregunté que si esto me llegase a pasar, qué hubiera querido que sucediese después», dijo Peres. «Tengo la respuesta: que se siga el sendero de la paz».[7]

El rey Hussein de Jordania, que en 1994 terminó las hostilidades que tenía con Israel por cuarenta y seis años, se puso de pie en el funeral de Rabín y proclamó que le gustaría dejar al mundo un legado de paz cuando muriese. «Desde este lugar, me comprometo ante usted», dijo, «ante mis conciudadanos en Jordania y ante el mundo, continuar con todo lo que esté a nuestro alcance para dejar un legado similar. Cuando llegue mi hora espero que sea semejante al de mi abuelo y al de Yitzkak Rabín».[8]

El presidente de Estados Unidos Bill Clinton hizo un llamado de paz a los países del Medio Oriente. «Su primer ministro fue un mártir de la paz», dijo. «Definitivamente debemos aprender de su martirio... Ahora toca a todos los que amamos la paz, y a todos los que llegamos a amar a Rabín, llevar a cabo la lucha a la cual daba vida y por la cual dio su vida».[9]

En noviembre de 1994, viajaba por Israel con trescientos sionistas estadounidenses, un grupo formado por judíos y gentiles que apoya el Estado de Israel. Después de visitar durante el día los lugares históricos, regresé a mi cuarto en el hotel. Estaba muy cansado y medio dormido cuando de pronto me despertó un inesperado toque en la puerta. Atisbé por la mirilla de la puerta y de inmediato reconocí a uno de mis amigos, un rabí ortodoxo. Le acompañaban tres desconocidos, dos hombres y una mujer, pero le tenía confianza. Así que me puse la bata, abrí la puerta y les dejé entrar.

—¿Podemos hablarle? —preguntaron.

Después que se presentaron y me dijeron que eran periodistas israelíes, dijeron:

—Queremos decirle lo que está pasando en Israel en cuanto al proceso de paz.

Cada uno de ellos dio similar testimonio, pero una cosa quedó bien clara: cada periodista que comentó negativamente sobre el proceso de paz lo hizo arriesgando su carrera. No solo afrontaban la posibilidad de que los eliminaran de las conferencias de prensa gubernamentales y, por ende, estar «fuera de onda» profesionalmente hablando, sino que también corrían el riesgo de pasar noventa días en prisión si en público expresaban algo negativo sobre el proceso de paz.

Me dijeron que el proceso democrático lo desarraigaron por completo de Israel. Se detenía a los ciudadanos a cualquier hora de la noche y del día para interrogarlos. Cualquier persona que de alguna forma criticase el proceso de paz era blanco de acoso gubernamental.

Eso sucedía antes del asesinato y martirio de Rabín. Ahora que el pueblo ha caído en la dimensión eufórica de lograr «paz a cualquier precio», la situación será aún más intensa para que el movimiento por la paz tenga éxito.

Los periodistas me dijeron:

—A usted lo ven millones de personas por la televisión en todo Estados Unidos y de alguna manera queremos decir al pueblo estadounidense a través de usted, cómo se ha deteriorado el proceso democrático en nuestra patria debido a un fanatismo que busca la paz a toda costa. Queremos que sepa la vehemencia conque el gobierno está presionando para que se apruebe tal acuerdo. Las autoridades han abandonado el proceso democrático tan encomiado por todo el mundo. Hay cosas que se vienen haciendo en nombre de la paz que amenazan la seguridad de Israel, pero si escribimos sobre ellas, nunca nos invitaran a otra conferencia de prensa y podríamos perder nuestro trabajo o ir a la cárcel.

Lo que al principio fue una maniobra política se ha vuelto ahora una demanda nacional, creada por la sangre de un mártir.

La montaña se mueve: Siria está dispuesta a negociar

Israel tenía tratados con Egipto y Jordania antes del asesinato de Rabín y había firmado un acuerdo con la OLP. Pero Siria, una fuerza dominante en el Medio Oriente, nunca ha podido llegar a términos satisfactorios con Israel debido a que el centro de la disputa entre ambos países se encuentra en las estratégicas Alturas de Golán. Israel ocupó esta región de Siria en la Guerra del Medio Oriente de 1967 y más tarde la anexó a su territorio.

Las Alturas de Golán, colinas estratégicas situadas al norte de Israel y al sur de Siria, son área vital desde el punto de vista militar y también como suministradoras de agua (véase mapa, p. 25).

El área está formada por una elevada meseta que mide alrededor de 772 km^2 y se distingue por dos niveles: el Bajo Golán en el sur, con alturas entre 183 m y 579 m, y el Alto Golán en el norte, con alturas de hasta 914 m sobre el nivel del mar. Algunas colinas alcanzan 1,341 m.

Esta elevada plataforma es el lugar ideal para lanzar mísiles en contra de Jerusalén. Israel está situada al pie de las Alturas de Golán. Un principio básico en la guerra es «tomar el terreno alto»: quien posea las Alturas de Golán podría convertir a Israel en un campo de sangre.

Nunca antes se le había ocurrido a Israel negociar las Alturas de Golán; pero ahora, según Warren Christopher, Secretario de Estado de Estados Unidos, Israel y Siria abrirán una «nueva fase» de amplias y extensas negociaciones de paz. A pesar de que dos intentos previos para discutir asuntos sobre seguridad fracasaron el año pasado, Christopher dice que hay una «nueva voluntad» de parte de Israel a raíz del asesinato de Rabín. [10]

Cuando Peres asumió el poder el 22 de noviembre, dijo lo siguiente: «Me gustaría proponer al presidente de Siria que ambos hiciéramos lo posible para finalizar una era de guerras en el Medio Oriente».

Declaró que está abierto a cualquier tipo de negociaciones sin condiciones previas. El *New York Times* señala que, según reportes de la prensa israelí, Peres estaría preparado para devolver virtualmente todo el Golán a cambio de una sólida seguridad y de una paz total en el Medio Oriente.[11]

LAS ALTURAS DE GOLÁN

(Vista aérea)

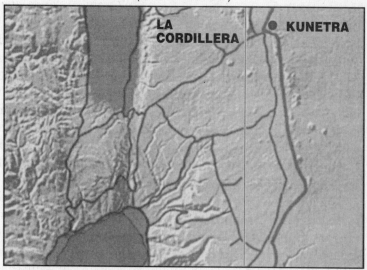

(Vista de elevación)

EL significado profético del asesinato

En la avalancha creada por los que abogan por la paz han quedado sepultadas las voces de los contrarios o sencillamente se han pasado por alto. El proceso de paz dejará de ser una acción política para convertirse en una demanda espiritual de toda la nación.

Según las palabras de los profetas de Israel, creo que este proceso de paz dará lugar a la guerra más devastadora jamás conocida por Israel. Después de esa guerra el tan anhelado Mesías vendrá.

Este libro se escribió con la finalidad de mostrar cómo el proceso de paz se va a llevar a cabo y las razones que darán lugar a la guerra en Jerusalén, ciudad de tres mil años de antigüedad.

Hace varios meses, alguien me preguntó: «Dr. Hagee, su padre era un erudito en profecías y usted ha seguido sus pasos. ¿Cree que los árabes algún día lograrán establecerse lo suficiente en la vida israelí que produzca el surgimiento de un estado palestino que controle una porción de la ciudad de Jerusalén?»

Hace diez años, nadie imaginaba que tal cosa fuese posible. Israel es la cuarta potencia militar en la faz de la tierra; ha vencido combinaciones de ejércitos árabes en varias ocasiones. Es la fuerza dominante en todo el Medio Oriente y nadie cree, desde un esquema racional, que las naciones árabes algún día pudiesen vencerlos. Pero las profecías bíblicas indican que los árabes se consolidarán en el Medio Oriente de tal manera que se convencerán de que sí pueden vencer a Israel en una guerra.

El 19 de septiembre de 1993 es una fecha muy difícil de olvidar… El primer ministro israelí Rabín estaba de pie en el Jardín de las Rosas de la Casa Blanca junto a Yasser Arafat. El presidente Clinton estaba en medio de ambos, ansioso por anunciar al mundo que el día anterior Rabín y Arafat firmaron el Acuerdo de la Margen Occidental. En el momento que se firmaba, Rabín declaró que la tierra que fluye leche y miel no debería convertirse en tierra que fluye sangre y lágrimas. Ahora, en declaración pública, el mundo observaba y esperaba a medida que el acuerdo de paz se anunciaba. ¿Estrecharía el guerrero estadista que dirigió la guerra del 1967 las manos del terrorista Arafat, el hombre que planificó ataques homicidas en ómnibus, asilos de ancianos y orfanatos? ¿Estrecharía Arafat su mano con la de su peor enemigo?

En un momento dramático, Arafat extendió su mano de amistad y Rabín la estrechó, frente a las cámaras del mundo. Algunos de los que vieron esta escena lloraron. Otros aplaudieron. Otros la vieron como un acto de traición en contra del estado de Israel y comenzaron a instigar la expulsión de Yitzhak Rabín como primer ministro. Otros observaban y con una sonrisa macabra decidieron que Rabín merecía morir.

Yigal Amir también vio el acto y concluyó que Rabín era un traidor de la causa judía. «Toda la nación prestaba atención al hecho de que un estado palestino se estaba gestando», dijo Amir a una corte israelí después de su arresto. «No traté de detener el proceso de paz porque no existe tal concepto[...] yo estaba en la manifestación. El cincuenta por ciento de los asistentes eran árabes. ¿Qué hace cuando hay dos millones de árabes aquí? ¿Acaso daremos el estado a los árabes?»[12]

La pregunta que todos se hacían alrededor del mundo y en el Congreso era esta: «¿Retardará el asesinato de Rabín el proceso de paz o lo acelerará?» Podemos hallar la respuesta en los libros de nuestra historia estadounidense.

En los meses previos al asesinato de John F. Kennedy casi no se aprobaron en el Congreso ninguno de los proyectos de su partido. Pero un tiempo después del crimen, cuando Lyndon Baines Johnson llegó a la Casa Blanca, virtualmente todos los proyectos sugeridos por Johnson a nombre de Kennedy se aprobaron de inmediato en ambas cámaras del Congreso. El mismo Johnson fue electo presidente en 1964 por una mayoría de votos que jamás nadie había logrado en esa época.

Ahora Israel enfrenta una situación similar. La nación se está uniendo; Israel está buscando la paz con pasión desbordante. Para honrar la memoria de Yitzhak Rabín, Israel buscará la paz con firme determinación.

CAPÍTULO DOS

La mente de un asesino

Yigal Amir, el asesino de Rabín, es el segundo en una familia de ocho hijos. Su padre es escribano y su especialidad es transcribir a mano escritos sagrados. Su madre es maestra en un jardín de infantes. Yigal Amir trabajó en el extranjero como enviado en una agencia del gobierno israelí. No tenía ningún expediente policial. Nada de su vida familiar daba indicios que podría tomar una pistola y asesinar al Primer Ministro de su país. ¿Por qué lo hizo?

Amir dijo a una corte en Jerusalén que a él le pidieron que matara a Rabín porque este iba a ceder parte de la Margen Occidental a los palestinos, situación que según Amir conduciría a la guerra y a la pérdida del sistema de vida judío. Por consiguiente, dijo el asesino, Rabín era un asesino en potencia, y de acuerdo a la ley de autodefensa que impera en Israel, es permisible liquidar a tal persona. Fuera de la ortodoxia judía, casi todo el mundo discrepa con la interpretación que da Amir a esta ley. Sin embargo, dentro del sistema ortodoxo hay una minoría que la apoya.[1]

El gobierno israelí interrogó a dos rabinos sospechosos de autorizar, aprobar o inspirar a Yigal Amir. Las autoridades creen que los rabinos señalaron a Rabín como traidor o *rodef*, terminología antigua que denota a alguien que persigue a un judío para matarlo. De acuerdo al *halacha*, o ley judía, es permisible matar a un *rodef*.[2]

«El que este concepto de varios siglos de antigüedad surja en la investigación demuestra el profundo cisma que existe entre los religiosos sionistas que ven a Israel como la tierra que Dios concedió a los hebreos y los grupos que ven a Israel como un estado moderno y democrático», dice Storer Rowler, columnista del *Chicago Tribune*.[3]

«Existe una profunda batalla espiritual y una guerra cultural que está sacudiendo los cimientos de la tradición judía», dijo Rabbi David Hartman, director fundador del Instituto Shalom Hartman de Estudios Judaicos en Jerusalén. «Y el carácter de este pueblo y el futuro de Israel depende de cómo se pelee esta batalla».[4]

Es importante que entendamos que aunque hay muchos grupos de judíos en Israel, la mayoría se pueden agrupar en dos categorías. Una que se compone de judíos religiosos que creen, entre otras cosas, que Israel tiene un derecho divino a la tierra. Otra que se compone de judíos culturales o étnicos que no dan gran importancia a las creencias religiosas del pueblo. Este segundo grupo cree que el destino de la nación de Israel se debe forjar a través del proceso político. Luchan por una nación joven, moderna y próspera, con una economía basada en la tecnología y el turismo. Al igual que muchas otras personas en el siglo veinte, depositan más su fe en el hombre que en el Dios de sus antepasados. Y como jamás han pasado por una experiencia de genocidio, están hastiados de la guerra.

«Para la generación de israelíes que recuerdan la Guerra de Independencia de 1948, la imagen idealizada de su Israel es la del bronceado *kibbutznik* con una pala en una mano y un rifle en la otra», dice Tom Hundley, columnista del *Chicago Tribune*. «Para la generación que creció después de la Guerra de los Seis Días en 1967, en la cual se conquistó la Margen Occidental, el *kibbutznik* se sustituyó por el poblador, con la Biblia en una mano y el rifle en la otra».[5]

Tristemente, el asesinato de Rabín puede disuadir al segundo grupo del pueblo judío a que conozca más acerca de su fe religiosa. Según Noam M.M. Neusner, un escritor judío muy al tanto de lo que ocurre en Estados Unidos, el asesinato cometido por Amir «amenaza con zocavar un naciente movimiento religioso dentro de la comunidad judeoestadounidense. La gente reconoce ahora que para que el judaísmo sobreviva, la religión debe ser más importante que la raza, la política y la cultura que han predominado durante trescientos años. Por primera vez en toda su historia, los judíos estadounidenses volvían al judaísmo para buscar orientación en asuntos que van más allá del esquema ritual».[6]

¿Cambió acaso Amir el panorama? Tal vez.

El Israel moderno

En Tel Aviv puede hoy encontrar restaurantes que sirven camarones, jamón e hígado de ganso en salsa de crema; no exactamente una comida *kosher*, ya que la ley judía prohíbe el consumo de mariscos, cerdo y otras carnes de órganos. El ciudadano israelí de hoy compra artículos de marcas reconocidas tales como Gucci, Gaulier y Donna Karan. La economía está floreciendo; el ingreso promedio de cada ciudadano es de $17,000 dólares al año, casi igual al de Gran Bretaña y más del doble que lo que ganaba en la década del setenta. Una serie televisiva rodada en Israel muestra el estilo de vida de opulencia que vive la familia Linowitz (nombre ficticio) y su búsqueda desenfrenada de placer sexual y dinero.[7]

«Yo diría que el alma judía del país está peligrosamente a punto de perecer», dijo a *Newsweek* el ortodoxo rabino David Hartman. «Existe el gran peligro de que Israel sea arrastrado por la cultura MTV-Madonna».[8]

Los políticos judíos no esperan la venida del Mesías. Menahem Begin, antiguo Primer Ministro de Israel, era un judío devoto que leía las Escrituras cada día, oraba con frecuencia y citaba pasajes de la Palabra de Dios en sus discursos; abiertamente declaraba que Israel tenía un derecho santo a la existencia y a poseer *eretz yisroel*, la tierra de Israel.

Pero Menahem Begin pertenece al pasado y los líderes políticos de la actualidad se preocupan más por el proceso político en sí que por convicciones y dogmas religiosos.

El sionismo liberal, según Zeev Sternhell, profesor de Ciencia Política en la Universidad Hebrea, «es el reconocimiento de la realidad de que Israel es más que un estado judío, que pertenece también al veinte por ciento de sus ciudadanos que son árabes[...] lo que cuenta son los valores universales, los derechos del hombre y no los individualistas valores judíos del judaísmo».[9]

Estados Unidos ha pasado por una lucha similar; ¿es que acaso nos hemos apartado de los ideales judeocristianos sobre los cuales fuimos fundados y, de ser así, debiéramos regresar?

Pero nuestra lucha de algún modo se ha diluido por el gran tamaño y la diversidad que tiene nuestro país. Israel es un lugar más pequeño, rodeado de enemigos hostiles durante casi toda su historia; las pasiones son más fuertes ya que la tierra que se reclama es más exótica, más valiosa. Cuando intentaron ceder tierra a Egipto a cambio de paz en los años setenta, la primera ministra de entonces, Golda Meir, dijo: «¡A Israel ya no le queda más tierra que dar!»

La motivación de muchos judíos religiosos radica en el imperativo concepto bíblico de redimir la tierra de Israel para los judíos y preparar el terreno para la llegada del Mesías. Los rabinos más relevantes de Israel y la diáspora tuvieron una conferencia en el Hotel Ramada Renaissance en Jerusalén en noviembre de 1993. Entre las resoluciones aprobadas en dicha reunión estaban las siguientes:

> La asamblea ratifica que el pueblo judío es el único dueño legítimo de la tierra de Israel. Este derecho proviene de la promesa que Dios hizo a los antepasados de esta nación y del vínculo inquebrantable de nuestro pueblo con nuestra tierra por generaciones, incluso después que lo llevaron forzosamente al destierro. Por medio del poder de esta fe y de este vínculo volvemos a la tierra con la anuencia de las naciones gracias a la decisión monumental de la ONU.

Reconquistamos una vital e histórica porción de la tierra durante la Guerra de los Seis Días que fue revelación de la salvación que Hashem dio a su pueblo, milagro del cual el mundo entero fue testigo. [El nombre sagrado de Dios con cuatro letras que jamás se habla ni escribe es en hebreo «el nombre» *Hashem.*]

La asamblea de rabinos declara que según las leyes del Torah se prohíbe ceder los derechos políticos de soberanía y propiedad nacional de cualquier parte de la histórica Eretz Yisroel a otra autoridad o pueblo. La histórica Eretz Yisroel que ahora poseemos ha pertenecido en su totalidad al pueblo judío en el pasado, en el presente y en el futuro, y por lo tanto nadie de ninguna generación puede ceder aquello de lo que no tiene título. Por consiguiente, cualquier acuerdo para que esto se produzca queda anulado e invalidado, no confiere derecho alguno y absolutamente carece de fuerza legal o moral.

La asamblea solicita al gobierno que cumpla su compromiso de no desmantelar ningunas de las tierras ocupadas[...]

La asamblea teme que el «acuerdo» ponga en peligro la vida de todos los habitantes de Israel, sobre todo la de los habitantes de Judea, Samaria y Gaza. La policía árabe que se está armando, compuesta de terroristas asesinos, será un peligro directo de por sí[...] Cualquiera que deje de actuar para que se evite la ejecución de este «acuerdo» transgrede aquello de: «No te quedes tranquilo cuando la vida de tu prójimo esté en peligro».

Estamos extremadamente preocupados sobre la tendencia actual de crear aquí una cultura secular con el objetivo de gestar «un nuevo Medio Oriente», tendencia que puede llevarnos a la asimilación. Tenemos la sagrada obligación de fortalecer y profundizar el vínculo de nuestro pueblo con el Torah y con la tradición judía tal y como fueron llegando a nosotros de generación a generación.

Apoyamos que continúen las protestas, manifestaciones y huelgas dentro del marco de la ley. Además, exhortamos a que se eduquen y se informen a las masas para que puedan darse cuenta de la falsedad de esta «paz».[10]

La declaraciones antes mencionadas se hicieron hace dos años apenas, ¡pero cómo han cambiado los tiempos!

El asesinato de Rabín ha echado leña a un fuego que de por sí no necesitaba más combustible.

El título sagrado de propiedad

¿Quién tiene la razón? ¿Quién es el verdadero dueño de la tierra de Israel? La respuesta se halla en la Palabra de Dios y se puede rastrear hasta el tiempo de Abraham. Dios envió un ángel y le dijo a Abraham que sería el padre de una gran nación: «Luego vino a él palabra de Jehová, diciendo[...] un hijo tuyo será el que te heredará. Y lo llevó fuera, y le dijo: Mira ahora los cielos, y cuenta las estrellas, si las puedes contar. Y le dijo: Así será tu descendencia» (Génesis 15.4-5).

Fue una noticia sorprendente para Abraham, puesto que su esposa ya había pasado la menopausia y no había podido tener hijos. A la esposa de Abraham se le ocurrió ayudar a Dios, de manera que le pidió a Abraham que fuese a la tienda de su sierva egipcia Agar y tuviera un hijo con ella, lo cual era una práctica común en aquellos días.

Abraham durmió con Agar e Ismael fue concebido y nació. Un tiempo después, tal y como Dios predijo, la esposa de Abraham concibió y dio a luz un niño milagroso, Isaac. El pueblo de Israel desciende de Isaac; el pueblo árabe desciende de Ismael.

¿A quién pertenece la tierra de Israel? La controversia política más grande de este siglo se basa en esta pregunta. Los árabes dicen que la tierra les pertenece, que han vivido en ella por siglos mientras los judíos andaban dispersos por todo el mundo. Pero los judíos sostienen que la tierra es de ellos desde los tiempos de Abraham, cuando Jehová Dios hizo un pacto de sangre con el «padre de todos los que creen», Abraham, confiriendo la tierra prometida a los hijos de Abraham, Isaac y Jacob para siempre (véase Génesis 15.12-17).

Si ha comprado una casa recientemente, se habrá dado cuenta que con un resumen del título uno puede rastrear todos los dueños anteriores, desde el primero hasta el último, determinándose de este modo si existe algún impedimento legal de compra o venta de la propiedad. ¿Quién era el dueño original de la tierra que llamamos Palestina? La respuesta se halla en varios lugares en las Escrituras.

En el Salmo 2.1 leemos: «De Jehová es la tierra y su plenitud». Y el Salmo 89.11 dice: «Tuyos son los cielos». En Levítico 25.23: «La tierra no se venderá a perpetuidad, porque la tierra mía es; pues vosotros forasteros y extranjeros sois para conmigo».

En la actualidad, los ciudadanos de Israel no pueden ser propietarios de la tierra, sino que la arriendan al gobierno de Israel. Si soy agricultor, puedo arrendar la tierra por cuarenta y nueve años, y mi hijo puede también arrendarla cuando concluya mi contrato. Pero ninguno de los dos puede ser dueño de ella. La tierra está bajo la mayordomía de los hijos de Israel, pero en realidad pertenece al Señor. Por lo tanto, solo Dios puede dar la tierra. Cuando el primer ministro Rabín dio tierra a cambio de paz, los judíos religiosos vieron esto como un ataque al mismo Dios.

«En el principio creó Dios los cielos y la tierra», leemos en Génesis 1.1. Dios es el Creador/Dueño de la tierra, y tiene el poder de conferir el título a quien le plazca. En Génesis 12.1 leemos que en una ocasión Dios transfirió el título de propiedad a Abraham, llamado antes Abram: «Pero Jehová había dicho a Abram: Vete de tu tierra y de tu parentela, y de la casa de tu padre, a la tierra que te mostraré».

Después que Abram llegó a la tierra que Dios le indicó, Dios le habló de nuevo:

Y Jehová dijo a Abram, después que Lot se apartó de él: Alza ahora tus ojos, y mira desde el lugar donde estás hacia el norte y el sur, y al oriente y al occidente. Porque toda la tierra que ves, la daré a ti y a tu descendencia para siempre. Y haré tu descendencia como el polvo de la tierra; que si alguno puede contar el polvo de la tierra, también tu descendencia será contada. Levántate, ve por la tierra a lo largo de ella y a su ancho; porque a ti la daré (Génesis 13.14-17).

Antes del nacimiento de Isaac, Abraham preguntó a Dios si Ismael tendría también el derecho real de poseer la tierra: «Y dijo Abraham a Dios: Ojalá que Ismael viva delante de ti» (Génesis 17.18). Dios le respondió diciendo que haría fructificar a Ismael, lo convertiría en padre de doce gobernantes y fundaría de él una gran nación. Pero el pacto de Dios se establecería con Isaac, quien estaba a punto de nacer. De modo que el título de la tierra pasó de Abraham a Isaac y, finalmente, a Jacob.

Isaac era el hijo de la promesa, el hijo de la verdadera esposa. Abraham también tenía seis hijos con Cetura, la esposa que tomó después de la muerte de Sara. Cetura le dio a luz a Zimram, Jocsán, Medán, Madián, Isbac y Súa. Estos hijos llegaron a ser los antepasados de unos pueblos del norte de Arabia que dicen: «La tierra es nuestra. ¡Abraham también es nuestro padre!»

Pero Abraham hizo provisión para esos hijos mientras estuvo en vida. «Y Abraham dio todo lo que tenía a Isaac. Pero a los hijos de sus concubinas dio Abraham dones, y los envió lejos de Isaac su hijo, mientras él vivía, hacia el oriente, a la tierra oriental» (Génesis 25.5-6; véase también 1 Crónicas 1.32-33).

Dios revisó y reafirmó su intención de dar la tierra a Isaac cuando le habló personalmente:

Habita como forastero en esta tierra, y estaré contigo, y te bendeciré, porque a ti y a tu descendencia daré todas estas tierras, y confirmaré el juramento que hice a Abraham tu padre. Multiplicaré tu descendencia como las estrellas del cielo, y daré a tu descendencia todas estas tierras; y todas las naciones de la tierra serán benditas en tu simiente, por cuanto oyó Abraham mi voz, y guardó mi precepto, mis mandamientos, mis estatutos y mis leyes (Génesis 26.3-5).

A los sesenta años de edad, Isaac, el propietario de lo que ahora conocemos como Tierra Santa, descubrió que su esposa Rebeca estaba encinta. Dios le hizo un sonograma a Rebeca y le dio los resultados: «Y le respondió Jehová: Dos naciones hay en tu seno, y dos pueblos serán divididos desde tus entrañas; un pueblo será más fuerte que el otro pueblo, y el mayor servirá al menor» (Génesis 25.23).

Jacob y Esaú salieron del vientre de Rebeca. Pero Esaú, el gemelo mayor, no heredó el título de propiedad de la tierra porque se le confirió a Jacob, a quien su padre dijo: «Y el Dios omnipotente te bendiga, y te haga fructificar y te multiplique, hasta llegar a ser multitud de pueblos; y te dé la bendición de Abraham, y a tu descendencia contigo, para que heredes la tierra en que moras, que Dios dio a Abraham» (Génesis 28.3-4).

Y Dios mismo confirmó la posesión del título cuando Jacob vio a Dios en un sueño encima de una escalera que subía a las estrellas:

Y he aquí, Jehová estaba en lo alto de ella, el cual dijo: Yo soy Jehová, el Dios de Abraham, tu padre, y el Dios de Isaac; la tierra en que estás acostado te la daré a ti y a tu descendencia. Será tu descendencia como el polvo de la tierra, y te extenderás al occidente, al oriente, al norte y al sur; y todas las familias de la tierra serán benditas en ti y en tu simiente (Génesis 28.13-14; véase también Génesis 35.9-12).

Así que Jacob y sus doce hijos se quedaron con el título. Cuando José, el hijo amado de Jacob, moría en Egipto, habló de la sucesión del título: «Y José dijo a sus hermanos: Yo ya voy a morir; mas Dios ciertamente os visitará, y os hará subir de esta tierra a la tierra que juró a Abraham, a Isaac y a Jacob» (Génesis 50.24).

¿Qué cantidad de tierra abarca esta sucesión real? Dios mismo ha establecido las fronteras de Israel: «En aquel día hizo Jehová un pacto con Abram, diciendo: A tu descendencia daré esta tierra, desde el río de Egipto hasta el río grande, el río Éufrates» (Génesis 15.18). La frontera oriental era el río Éufrates, la frontera occidental el río de Egipto, identificado en Éxodo 23.31 como el Mar Rojo. Cuando los hijos de Israel cruzaban el Mar Rojo después de haber salido de la cautividad de Egipto, Dios dijo: «Todo lugar que pisare la planta de vuestro pie será vuestro; desde el desierto hasta el Líbano, desde el río Éufrates hasta el mar occidental [mar Mediterráneo] será vuestro territorio» (Deuteronomio 11.24). La frontera norte se establece en Ezequiel 48.1 como la ciudad de Hamat; la frontera sur se establece en Ezequiel 48.28 como la ciudad de Cades.

Por encontrarse estas demarcaciones en las Sagradas Escrituras, llegamos a la conclusión de que Israel tendrá aún más territorio cuando vuelva el Mesías, que lo que ahora posee. Las fronteras de Israel, mencionadas repetidas veces en el Antiguo Testamento, incluirán todo el Israel actual, todo el Líbano, la mitad de Siria, dos terceras partes de Jordania, todo Irak y la porción norte de Arabia Saudita.

Una antigua rivalidad

La competencia que existía entre la parentela de Abraham todavía existe hoy. El conflicto entre árabes y judíos no es por los territorios de la Margen Occidental, Judea ni Samaria; tiene poco que ver con las Alturas de Golán, no obstante la importancia de esta zona para la defensa de la nación.

El conflicto entre árabes y judíos va más allá del control territorial. Es más bien de índole teológico. Es judaísmo versus islamismo. La teología islámica o musulmana dice que el Islam debe triunfar sobre todo lo demás; de ahí que cuando usted visita una ciudad árabe, la torre islámica de oración es el punto más elevado de la ciudad. A todo el que adopta el islamismo se le llama *musulmán*, término que significa «alguien que se somete»; la palabra *Islam* significa «sumisión». Los árabes creen que Jesús, Moisés, David, así como varios otros hebreos, eran profetas; pero Mahoma fue el más grande de todos. Aunque los musulmanes veneran la Biblia, incluyendo el Torah, los Salmos y los Evangelios, sostienen que *Al-Quran* (el Corán) es la absoluta y verdadera palabra de Dios revelada a Mahoma por el ángel Jibraeel (Gabriel). Los musulmanes creen que Alá es Dios, que no tiene padre, ni madre, ni hijos.

El dominante musulmán

¿Sabía que el islamismo es la religión de más rápido crecimiento en Estados Unidos en la actualidad?[11] Aunque la mayoría de los musulmanes son pacíficos y respetuosos de la ley, otros se han aprovechado de las libertades civiles que existen en Estados Unidos y se han ido incorporando vertiginosamente en todos los esquemas sociales como instituciones de «investigación», «caritativas» o de «derechos civiles». Oliver B. Revell, ex oficial principal del FBI a cargo de investigaciones antiterroristas y de contrainteligencia, dice que estos grupos «están totalmente decididos a declarar la guerra santa a todos sus opositores, tanto en el Medio Oriente como en todo el mundo».[12]

Seif Ashmawi, nativo de Egipto que trabaja para una editorial en Estados Unidos, corrobora esto. «El objetivo de estos grupos», dice, «es el mismo que su objetivo en el Medio Oriente: construir y expandir su radical imperio político religioso y eliminar o desacreditar a todos sus enemigos».[13]

En las convenciones nacionales patrocinadas por la Asociación de Jóvenes Musulmanes, es común escuchar retórica antiisraelí. En una de esas conferencias celebradas en el hotel

Hyatt en Chicago en diciembre de 1994, Bassam al-Amoush, miembro de la coalición islámica en el parlamento jordano, hizo un chiste: «Alguien se me acercó en la mezquita y me preguntó: "Si veo a un judío en la calle, ¿debo matarlo?"» Al-Amoush hizo un gesto de sorpresa. «"A mí no me preguntes"», le respondí. "Después que lo mates, ven y dímelo"». La multitud estalló en carcajadas, y Al-Amoush continuó: «"¿Qué quieres de mí, un *fatwa* [fallo de una autoridad religiosa]? Una buena obra no lo necesita"».[14]

Momentos más tarde, según el periodista Steven Emerson, el maestro de ceremonias mostró una nota con un mensaje que alguien le pasó en ese momento. «Tenemos muy buenas noticias», dijo a la multitud. «Ha habido un ataque en un ómnibus en Jerusalén perpetrado por un policía palestino. Hay tres muertos y diecinueve heridos». La multitud respondió con aclamaciones de «¡Allahu Akbar!»[15]

¿Por qué existe tal enemistad entre judíos y árabes? En parte por la antigua rivalidad entre Isaac e Ismael. La razón principal es que los palestinos árabes se sienten desplazados por Israel. Los han vencido en diferentes batallas y por años ha existido una constante tensión entre los dos grupos. Ninguno de los grupos confía en el otro.

El Corán declara: «A quienes se ataca se les permite [defenderse], porque han recibido agravio y en verdad, Alá tiene todo poder para darles victoria. [Se refiere] a aquellos que han sido expulsados de sus hogares en violación de sus derechos solo porque dicen: "Alá es nuestro Señor"» (22.39-40).

El Corán también permite pelear por defender la religión islámica. «Peleen por la causa de Alá contra quienes batallan contra ustedes, pero no transgredan los límites, ¡cuidado!, Alá no ama a lo agresores[...] Y peleen contra ellos hasta que termine la persecución y las religiones rindan culto solo a Alá» (2.190).

Los árabes creen que Israel los han perseguido. El Corán también aconseja: «Si percibes traición de parte de cualquier grupo, devuélvela [su traición] a ellos, [y que sea] en igualdad proporcional» (8.58). El profeta Mahoma emprendió diferentes guerras para quitar ciertos traidores del poder. Hizo la guerra a varias tribus, las derrotó y las envió al exilio.

Según el Corán, Alá recomienda la agresión: «Te ordeno que pelees, pero te disgusta. Es probable que no te guste lo que es bueno para ti; sin embargo hay cosas que sí te agradan pero en verdad te perjudican. Pero Alá es el sabio, no tú» (2.216). Mahoma dijo: «Luchen [Jahidu] contra los infieles con manos y con lenguas» (Sahi Ibn Hibban #5708).

«¿Y por qué no luchar por Alá y por quienes, por ser débiles, son maltratados [y oprimidos]? Hombres, mujeres y niños cuyo clamor es: "¡Señor nuestro! Líbranos de esta ciudad cuyos moradores son opresores; y envíanos desde tu presencia a alguien que nos proteja, y envíanos desde tu presencia a alguien que nos ayude"» (4.75).

A pesar de las estipulaciones de la ley islámica, hay muchos musulmanes radicales que están obsesionados con la destrucción del pueblo judío. La estrategia del Jihad islámico es simple y diabólica al mismo tiempo: «Maten tantos judíos como puedan y finalmente tendrán que abandonar Palestina».[16]

Uno de los miembros del Movimiento de Resistencia Islámica (HAMAS), Imam Hasan al-Bana, resumió la filosofía de este grupo de forma tan magistral que la misma se incorporó en sus estatutos: «Israel existe y continuará existiendo hasta que el Islam la destruya, al igual que a otros predecesores».[17]

Pero a Israel no lo vencerán con tanta facilidad; su pueblo dice: «Dios nos dio un pacto de sangre para que poseyéramos esta tierra para siempre, y no vamos a ceder. Nuestros antepasados marcharon hacia la cámaras de gas cantando *Hatikvah* [el himno que habla de la esperanza que cada judío tiene en su corazón de pertenecer a un pueblo libre en la tierra de Sion y Jerusalén], pero no estamos dispuestos a dejarnos masacrar de nuevo. Vamos a defendernos hasta la muerte si se nos acorrala, y si esto es otra Masada, que así sea. Vamos a quedarnos firmes hasta que se congele el mismo infierno».[18]

Para los musulmanes, Israel da más problemas que una serpiente acorralada. Pero tome nota: si los árabes finalmente no vencen a Israel en combate, Mahoma mintió, el Corán tiene errores y Alá no es el Dios verdadero. Pensar en ello es totalmente herético e improbable para un musulmán.

La existencia y supervivencia de Israel dependen de la teología musulmana. Mientras Israel subsista, su teología triunfalista no puede cumplirse. Por lo tanto, a pesar de los acuerdos de paz, el conflicto no termina. Muchos musulmanes continuarán peleando contra Israel cada vez que se les presente la oportunidad.

«Nuestro objetivo es la destrucción de Israel», dijo en una ocasión Arafat. «No debe haber compromisos ni moderación. No, no queremos la paz. Queremos la guerra y la victoria. La paz significa para nosotros la destrucción de Israel y nada más.[19] [...] Pelearemos juntos como una nación musulmana, con una misma bandera».[20]

¿Puede un devoto seguidor de la fe musulmana cambiar de parecer? Al parecer lo hizo en la Casa Blanca, luego de estrechar la mano a Yitzhak Rabín, mientras el mundo observaba.

Los musulmanes también han perseguido a los cristianos con sangriento fervor. En julio de 1995, el *Wall Street Journal* publicó que «el surgimiento del fundamentalismo islámico ha declarado, en efecto, que la práctica del cristianismo es delito».[21] Según las doctrinas islámicas sobre la apostasía, escribe Michael Horowitz: «Los musulmanes que se conviertan al cristianismo enfrentan la pena de muerte. Hasta hace poco, tales doctrinas eran por lo general desconocidas por los gobiernos islámicos o interpretadas liberalmente. Pero no ha sucedido así con los convertidos al cristianismo, sobre todo con los evangélicos protestantes».[22]

Por supuesto que hay muchos musulmanes que sinceramente quieren la paz, pero los radicales y extremistas que creen que Yasser Arafat está cediendo en la lucha todavía intentan destruir a Israel y a Jerusalén. Estos son los que creen que cualquiera que no confiese que Alá es Dios, que Mahoma es su profeta y que el Corán es el perfecto cumplimiento de la Palabra de Dios, debiera morir.

El presente de Israel

¿Por qué Yigal Amir mató a Rabín? Lo hizo porque forma parte del Jano de dos rostros que es Israel. Jano era el dios romano de las puertas y portales, de los inicios. Jano, de donde se deriva el mes de enero, siempre se esculpía con dos rostros, uno joven y otro viejo, que miran en direcciones opuestas.

Israel es como Jano: una cara pertenece a los judíos religiosos que creen que las Sagradas Escrituras son la verdad absoluta, que Israel tiene el derecho divino de poseer la tierra y habitarla. La otra cara representa a los judíos que no son religiosos que creen que el proceso de paz traerá soluciones políticas.

Rabín era como Jano: para muchos representaba la esperanza de que Israel algún día saldría del aislamiento, persecución y del constante derramamiento de sangre y de ese modo encontraría aceptación en la comunidad mundial moderna. Para otros, personificaba la amenaza de que Israel entregara la identidad nacional que consiguió a través de conquistas, las Naciones Unidas y el derecho divino.[23]

Leah Rabín, al visitar New York con el sucesor de su esposo, el primer ministro Shimon Peres, dijo a una gran multitud reunida en el Madison Square Garden que Israel lucharía por la unidad. «Estamos pasando por una crisis. Necesitamos cambiar el clima de odio y violencia que trajo el asesinato», dijo a la multitud exactamente al mes siguiente de la muerte de su esposo. «Su muerte dejó a los judíos un legado de paz, dejó un legado de solidaridad y un legado de unidad».[24]

Peres hizo eco de los sentimientos de la viuda de Rabín. «Yitzhak Rabín nunca trató de complacernos», dijo a la multitud. «Trató de dirigirnos. Era su deber. Reconocemos el derecho de la oposición a diferir. Reconocemos el derecho de la oposición de tratar de cambiar el gobierno. Pero esperamos que la oposición y nosotros hagamos de la nuestra una nación libre y democrática, con diversidad de criterios y unidad. También debiéramos unirnos en contra de la violencia, en contra del crimen, en contra de las maldiciones. Discutamos, pero no odiemos».[25]

Aunque el grito de paz y unidad se escucha con renovada pasión, no es nuevo. La última vez que estuve en Israel fui testigo de una manifestación sin precedentes; ni siquiera en Estados Unidos recuerdo haber visto algo semejante. Una gran muchedumbre, marchando hombro con hombro, fila tras fila, bajaba por la calle gritando : «¡Paz ahora! ¡Paz ahora!» Hacían un ruido ensordecedor; las paredes del edificio vibraban con el sonido de su protesta.

¡Después de ver aquello, comencé a pensar que tal vez los estadounidenses no sabemos lo que significa el verdadero activismo! Todo el mundo en Israel es políticamente activo y apasionado con sus creencias. La generación que sobrevivió el Holocausto y llegó a Palestina estaba unida porque enfrentaba a un enemigo común. En los primeros años de Israel, durante las guerras de 1948 y 1967, la situación era de «nosotros contra ellos», e Israel peleaba por su existencia y su destino estaba en las manos de los propios judíos. Pero los hijos de aquellos soldados ya son adultos, y están diciendo: «Los tiempos están cambiando, lo que les pasó a ustedes es cosa del pasado y queremos paz ahora. Si la tierra es el precio de la paz, que así sea; désele a la paz una oportunidad. Si los sirios quieren las Alturas de Golán, démosles las Alturas de Golán».

Así que Israel se presenta al mundo con una cabeza de Jano: los jóvenes que quieren la paz a cualquier precio enfrentan a personas más viejas y escépticas. Pero como le diría a usted cualquier zoólogo, una criatura de dos cabezas no sobrevive mucho tiempo; una casa que se divide entre sí no permanecerá. Israel se unirá y la paz prevalecerá… cuando el país acepte el falso hombre de paz que saldrá al escenario del mundo.

El futuro de Israel

Israel tiene asegurado el título de la tierra que posee. Nunca, bajo ninguna circunstancia, lo ha perdido. Dios ha dicho a su pueblo:

> Para siempre le conservaré mi misericordia, y mi pacto será firme con él. Pondré su descendencia para siempre, y su trono como los días de los cielos. Si dejaren sus hijos mi ley, y no anduvieren en mis juicios, si profanaren mis estatutos, y no guardaren mis mandamientos, entonces castigaré con vara su rebelión, y con azotes sus iniquidades. Mas no quitaré de él mi misericordia, ni falsearé mi verdad. No olvidaré mi pacto, ni mudaré lo que ha salido de mis labios (Salmo 89.28-34).

Dios le dijo a Abraham que la tierra pertenecería a su descendencia para siempre. Al salmista le recordó que no iba a cambiar su pacto ni de parecer. Dios no es como los hombres; sus promesas son seguras y eternas. Podemos confiar en ellas, al igual que las profecías que nos legaron los profetas.

El profeta Ezequiel escribe acerca del tiempo en que Israel sería una tierra de ciudades sin murallas, una tierra de gente pacífica y confiable. Un ejército enemigo querrá conquistar esta tierra emanada de las ruinas y poblada por moradores de todas las naciones, tierra rica en frutos y en ganado.

Alguien más querrá también poseerla...el anticristo.

CAPÍTULO TRES

El panorama profético

A ntes de profundizar en el tema de los últimos tiempos que velozmente se aproximan, permítame ponerle al tanto de algunos vocablos que se refieren a acontecimientos característicos de los postreros tiempos.

El *Rapto* es el arrebatamiento físico y literal de quienes han depositado su fe en Jesucristo. El Rapto podría producirse en cualquier momento y ocurrirá sin advertencia. Cada miembro del cuerpo de Cristo, los verdaderos creyentes, serán arrebatados en vida para «recibirle en el aire» (1 Tesalonicenses 4.17). Quienes han pasado por la muerte física resucitarán con cuerpos incorruptibles y sobrenaturales.

El *anticristo*, sobre quien hablaremos en detalles más adelante, se manifestará poco después del Rapto. Es la persona que establecerá un gobierno, una religión y una economía globales. También se conoce con otros nombres, entre ellos, «la bestia» y «666».

La *tribulación* es el período de siete años que sigue a la desaparición de la Iglesia. La Biblia dice que este tiempo será literalmente un infierno en la tierra, acompañado de hambre, desastres naturales, epidemias, guerra y traición.

Cuando la tribulación concluya, la vida en la tierra habrá cambiado drásticamente. El Mesías de Israel vendrá a la tierra como rey y destruirá todos los ejércitos enemigos que tienen rodeado a Israel. Con Él vendrán los ejércitos celestiales, vestidos de blanco. Satanás y el anticristo serán vencidos y Satanás será atado. El Mesías establecerá un reino terrenal de paz y justicia que durará mil años. Quienes sobrevivan la tribulación cantarán: «¡Al mundo paz, volvió el Señor, volvió ya nuestro rey!» Ese reinado mesiánico de mil años es lo que llamamos el *Milenio*.

Debido a que Dios creó al hombre con voluntad propia o libre albedrío y desea que el hombre voluntariamente decida adorarle, Satanás será liberado al cabo de mil años. Al engañador se le permitirá tratar de convencer a la gente del mundo milenial de que es digno de ser adorado. Pero una vez más Dios intervendrá con sus ejércitos celestiales y la insurrección satánica será aplastada.

En ese momento, toda la humanidad comparecerá ante el trono de Dios en el acontecimiento que se conoce como el juicio del gran trono blanco. Cada hombre o mujer, ricos o pobres, pequeños o grandes, serán juzgados según hayan aceptado o no al Rey de reyes y Señor de señores, el Mesías de Israel, Jesús el Cristo. Quienes le acepten entrarán a la gloria eterna; quienes le rechacen serán apartados de la presencia de Dios y acompañarán a Satanás en las eternas llamas del infierno. Esta tierra será destruida «y los elementos siendo quemados se fundirán», y Dios creará cielos nuevos y tierra nueva en los cuales habitaremos por la eternidad (véase 2 Pedro 3.10-13).

El sueño de Nabucodonosor

El segundo capítulo de Daniel nos da un vistazo del fin de los tiempos. Dios le dio un sueño a Nabucodonosor, rey de Babilonia, sobre una imagen que perfectamente describe los imperios que dominarían al mundo desde el tiempo del rey de Babilonia hasta el fin del mundo.

El problema principal que enfrentaron quienes trataron de interpretar el sueño de Nabucodonosor fue que este lo olvidó. Nabucodonosor decretó que si sus magos, astrólogos y hechiceros no revelaban su sueño y su significado, serían «hechos pedazos» y sus casas convertidas en «muladares». En vista de que los sabios del rey no tenían otra opción que dar los resultados esperados o morir, aquel montón de ocultistas optó por frotar sus huesos de pollo e invocar a sus dioses de la oscuridad para que les revelasen el olvidado sueño del rey.

No hubo respuesta. Entonces fueron como grupo ante Nabucodonosor y le dijeron: «No hay hombre sobre la tierra que pueda declarar el asunto del rey; además de esto, ningún rey, príncipe, ni señor, preguntó cosa semejante a ningún mago, ni astrólogo, ni caldeo. Porque el asunto que el rey demanda es difícil, y no hay quien lo pueda declarar al rey, salvo los dioses cuya morada no es con la carne» (Daniel 2.10-11).

LOS CUATRO REINOS

Cabeza de Oro	BABILONIA	León con Alas
Pecho y Brazos de Plata	MEDO-PERSIA	Oso Inclinado de un Costado
Vientre y Muslos de Bronce	GRECIA	Leopardo de 4 Cabezas
Pies en Parte de Hierro Y en Parte de Barro	ROMA	Bestia Espantosa Y Terrible

Entra en escena Daniel, prisionero judío traído desde Jerusalén que servía al Dios de Abraham, Isaac y Jacob. La Biblia nos dice que «el secreto fue revelado a Daniel en visión de noche, por lo cual bendijo Daniel al Dios del cielo» (v. 19).

En la presencia de los molestos astrólogos, magos y hechiceros, Daniel se presentó delante del rey Nabucodonosor y proclamó:

> Pero hay un Dios en los cielos, el cual revela los misterios, y Él ha hecho saber al rey Nabucodonosor lo que ha de acontecer en los postreros días. He aquí tu sueño, y las visiones que has tenido en tu cama: Estando tú, oh rey, en tu cama, te vinieron pensamientos por saber lo que había de ser en lo por venir; y el que revela los misterios te mostró lo que ha de ser. Y a mí me ha sido revelado este misterio, no porque en mí haya más sabiduría que en todos los vivientes, sino para que se dé a conocer al rey la interpretación, y para que entiendas los pensamientos de tu corazón (vv. 28-30).

¿Puede imaginarse a los escurridizos astrólogos? Acababan de proclamar que Dios no se dignaba a hablar con seres mortales, ¡y Daniel tenía una línea directa al cielo!

Daniel no les hizo caso y anunció lo que sucedería:

> Tú, oh rey, veías, y he aquí una gran imagen. Esta imagen, que era muy grande, y cuya gloria era muy sublime, estaba en pie delante de ti y su aspecto era terrible. La cabeza de esta imagen era de oro fino; su pecho y sus brazos, de plata; su vientre y sus muslos, de bronce; sus piernas, de hierro; sus pies, en parte de hierro y en parte de barro cocido. Estabas mirando, hasta que una piedra fue cortada, no con mano, e hirió a la imagen en sus pies de hierro y de barro cocido, y los desmenuzó. Entonces fueron desmenuzados también el hierro, el barro cocido, el bronce, la plata y el oro, y fueron como tamo de las eras del verano, y se los llevó el viento sin que de ellos quedara rastro alguno. Mas la piedra que hirió a la imagen fue hecha un gran monte que llenó toda la tierra (vv. 31-36).

Estoy seguro que Nabucodonosor ya estaba a punto de levantarse del trono cuando las palabras de Daniel le refrescaron la memoria. ¡Sí, recordaba la imagen! Y sí, ¡le había hablado de algo espantosamente importante! Pero, ¿qué significaba? No interrumpió a Daniel, que continuó hablando:

Este es el sueño; también la interpretación de él diremos en presencia del rey. Tú, oh rey, eres rey de reyes; porque el Dios del cielo te ha dado reino, poder, fuerza y majestad. Y dondequiera que habitan hijos de hombres, bestias del campo y aves del cielo, Él los ha entregado en tu mano, y te ha dado el dominio sobre todo; tú eres aquella cabeza de oro. Y después de ti se levantará otro reino inferior al tuyo; y luego un tercer reino de bronce, el cual dominará sobre toda la tierra. Y el cuarto reino será fuerte como hierro; y como el hierro desmenuza y rompe todas las cosas, desmenuzará y quebrantará todo. Y lo que viste de los pies y los dedos, en parte de barro cocido de alfarero y en parte de hierro, será un reino dividido; más habrá en él algo de la fuerza del hierro, así como viste hierro mezclado con barro cocido. Y por ser los dedos de los pies en parte de hierro y en parte de barro cocido, el reino será en parte fuerte, y en parte frágil. Así como viste el hierro mezclado con barro, se mezclarán por medio de alianzas humanas; pero no se unirán el uno con el otro, como el hierro no se mezcla con el barro. Y en los días de estos reyes el Dios del cielo levantará un reino que no será jamás destruido, ni será el reino dejado a otro pueblo; desmenuzará y consumirá a todos estos reinos, pero él permanecerá para siempre, de la manera que viste que del monte fue cortada una piedra, no con mano, la cual desmenuzó el hierro, el bronce, el barro, la plata y el oro. El gran Dios ha mostrado al rey lo que ha de acontecer en lo por venir, y el sueño es verdadero, y fiel su interpretación (vv. 36-45).

La historia ha demostrado que la interpretación del sueño de Nabucodonosor que ofreció Daniel fue exacta. Como lo profetizara Daniel, el imperio que suplantó a la cabeza de oro de Nabucodonosor fue el Medopersa, el pecho de plata. A los poderosos babilonios los desplazó Alejandro Magno de Grecia, los lomos de bronce. El Imperio de Alejandro cayó ante el Imperio Romano, fuerte y poderoso en dominio, que más tarde se dividió entre los imperios de oriente y de occidente.

Usted notará que a medida que los ojos de Daniel exploraban la imagen de arriba hacia abajo, la fuerza de los metales variaba de blando (oro) a duro (hierro). Esto es un cuadro profético de la fuerza militar de las naciones que surgirían en los años venideros. La humanidad ha avanzado de armas que eran relativamente ineficaces como las lanzas y los garrotes a bombas programables, misiles y ojivas termonucleares que podrían convertir la tierra en un cementerio que gira en el espacio.

Es muy importante señalar que la fuerza del Imperio de Hierro empezó a debilitarse con el tiempo. A medida que baja la vista el material se torna más débil, hasta que los pies son una mezcla de hierro y barro, materiales que simplemente no se pueden mezclar. El «en parte fuerte y en parte frágil» Imperio Romano, en realidad se debilitó con el transcurso del tiempo, hasta que por último se dividió en diez dedos o diez reinos. Aunque varios comentaristas bíblicos mencionan estos reinos, pocos escritores se han puesto de acuerdo sobre cuáles naciones o reinos representan estos diez dedos. El erudito en profecía Dwight Pentecost dice: «Los diez reinos van a surgir al mismo tiempo, no por espacio de varios siglos, y todos van a formar una confederación. No hay nada en la historia antigua de los reinos europeos que encaje dentro de este contexto».[1]

¿Cuáles son las dos sustancias que no se mezclarán? El teólogo William Kelly opina que el último vestigio de poder del antiguo Imperio Romano consistirá en una federación integrada por gobiernos democráticos y autocráticos, los cuales representan el hierro y el barro. Según su punto de vista, el hierro representa a las naciones gobernadas por monarcas; el barro representa a las naciones que se adhieren a una forma de gobierno democrática o representativa.[2]

Estos diez dedos, o imperios, formarán una especie de federación europea. Hoy en día, la Unión Europea (el antiguo

Mercado Común Europeo) cuenta con dieciséis miembros, quince del Concilio Europeo, dieciséis de la OTAN y treinta y tres de la Junta Europea. El anticristo podría surgir de cualquiera de estos grupos. Así como las seis naciones originales del Mercado Común Europeo dieron lugar a dieciséis miembros de la Unión Europea, cualquiera de estos grupos podría consolidarse en solo diez naciones.

La Biblia revela que una confederación de diez naciones existirá en los postreros tiempos. Estas diez naciones, algunas gobernadas por monarcas, otras por gobiernos democráticos, podrían ser los «diez dedos» que desmenuzará la piedra cortada, no por mano, el Mesías de Israel. La imagen de Nabucodonosor, que representa los poderosos y gloriosos reinos del mundo, será triturada hasta el polvo y borrada por completo del escenario humano.

El sueño de Daniel sobre las cuatro bestias

Dios quiso que supiésemos el futuro. Por lo tanto, nos reveló las naciones que regirían desde Nabucodonosor hasta la generación final. No solo le dio a Nabucodonosor una visión de las cosas que acontecerían, sino que años más tarde repitió la misma escena con Daniel, esta vez usando animales en lugar de metales. ¿Por qué? Porque los animales tienen habilidades y disposiciones que describen gráficamente el perfil y la personalidad de los reyes y reinos venideros.

Leamos lo que nos dice Daniel en relación con su sueño en el capítulo siete:

> En el primer año de Belsasar rey de Babilonia tuvo Daniel un sueño, y visiones de su cabeza mientras estaba en su lecho; luego escribió el sueño, y relató lo principal del asunto. Y cuatro bestias grandes, diferentes la una de la otra, subían del mar. La primera era como león, y tenía alas de águila. Yo estaba mirando hasta que sus alas fueron arrancadas, y fue levantada del suelo y se puso enhiesta

sobre los pies a manera de hombre, y le fue dado corazón de hombre (vv. 1-4).

En el sueño de Daniel vemos el mismo grupo de naciones descritas en la visión de Nabucodonosor, pero desde un ángulo diferente e inquietante.

Durante el reinado de Belsasar, nieto de Nabucodonosor, Daniel soñó y vio cuatro bestias que se levantaban del mar. La primera tenía forma de león con alas de águila: una representación exacta del símbolo nacional babilónico, un león alado. Daniel ya había visto el cumplimiento de parte de esta visión. Nabucodonosor, que tuvo impresionantes logros dentro de su reinado, se enorgulleció, por lo que Dios le humilló, manifestando de manera sobrenatural su poder.

Nabucodonosor perdió la memoria y literalmente comió pasto como un buey durante siete años, pasados lo cuales Dios le devolvió la mente. Regresó al reinado con «el corazón de hombre» y con una nueva actitud sobre el poder de Dios.

Sin embargo, Babilonia estaba destinada al fracaso. El rey Ciro de Persia conquistó el Imperio Babilónico en el 539 a.C. y venció su ejército en el río Tigris situado al sur de la ciudad actual de Bagdad. La crónica babilónica señala que el ejército de Ciro entró a Babilonia sin batallar.[3]

«Y he aquí otra segunda bestia, semejante a un oso, la cual se alzaba de un costado más que del otro, y tenía en su boca tres costillas entre los dientes; y le fue dicho así: Levántate, devora mucha carne» (v. 5).

La segunda bestia, un oso inclinado (debido a que los medos eran más prominentes que los persas), representa al Imperio Medopersa. Las tres costillas en la boca del oso gráficamente ilustran las conquistas más importantes del Imperio: Lidia en el 546 a.C., Babilonia en el 539 a.C. y Egipto en el 525 a.C.[4]

«Después de esto miré, y he aquí otra, semejante a un leopardo, con cuatro alas de ave en sus espaldas; tenía también esta bestia cuatro cabezas; y le fue dado dominio» (v. 6).

La tercera bestia, el leopardo con cuatro alas y cuatro cabezas, representa a Grecia bajo el dominio de Alejandro Magno. El leopardo es un animal veloz y simboliza la extraordinaria rapidez que las fuerzas militares de Alejandro atacaban a sus enemigos.

¿Cuál es el significado de las cuatro cabezas? A través del telescopio de la historia, el significado es claro. A los treinta y dos años Alejandro muere en la ciudad de Babilonia en el 323 a.C.

Al morir, sus cuatro generales principales se repartieron el reino: Ptolomeo I se quedó con Egipto e Israel, Seleuco I reinó sobre Siria y Mesopotamia, Lisímaco escogió Tracie y Asia Menor, y Casandro se hizo cargo de Macedonia y Grecia.

«Después de esto miraba yo en las visiones de la noche, y he aquí la cuarta bestia, espantosa y terrible y en gran manera fuerte, la cual tenía unos dientes grandes de hierro; devoraba y desmenuzaba, y las sobras hollaba con sus pies, y era muy diferente de todas las bestias que vi antes de ella, y tenía diez cuernos» (v. 7).

La espantosa cuarta bestia, más aterrorizante que las anteriores, representa al Imperio Romano y la última manifestación del gobierno gentil en la tierra. Lo más importante que podemos notar sobre esta horrible bestia no es su fuerza, ni su ferocidad ni el hecho que haya destruido a otras bestias anteriores. Lo más importante es que tiene diez cuernos.

Los diez cuernos del sueño de Daniel corresponden a los diez dedos de la visión de Nabucodonosor y esos diez cuernos representan los diez reyes o líderes que dirigirán las naciones que han salido de este majestuoso cuarto reino mundial.

Mientras Daniel se sentaba y meditaba sobre esos diez líderes, surgió otro entre ellos, uno pequeño, el cual inmediatamente desarraigó o destruyó a tres de ellos. Este cuerno tenía ojos de hombre y una boca que hablaba jactanciosamente:

«Mientras yo contemplaba los cuernos, he aquí que otro cuerno pequeño salía entre ellos, y delante de él fueron arrancados tres cuernos de los primeros; y he aquí que este cuerno tenía ojos como de hombre, y una boca que hablaba grandes cosas» (v. 8).

De entre los tres reinos se levantará un individuo, el anticristo, que controlará toda la federación de naciones.

¿Quién es este «cuerno pequeño»? ¿Y cómo puede ejercer tanto poder como para controlar Europa, establecer en todo el mundo una sola religión, economía y gobierno?

Las respuestas a estas interrogantes las encontramos en la Palabra de Dios y las analizaremos en los siguientes capítulos.

> Estuve mirando hasta que fueron puestos tronos, y se sentó un Anciano de días, cuyo vestido era blanco como la nieve, y el pelo de su cabeza como lana limpia; su trono llama de fuego, y las ruedas del mismo, fuego ardiente. Un río de fuego procedía y salía de delante de él; millares de millares le servían, y millones de millones asistían delante de él; el Juez se sentó, y los libros fueron abiertos. Yo entonces miraba la causa del sonido de las grandes palabras que hablaba el cuerno; miraba hasta que mataron a la bestia, y su cuerno fue destrozado y entregado para ser quemado en el fuego. Habían también quitado a las otras bestias su dominio, pero les había sido prolongada la vida hasta cierto tiempo. Miraba yo en la visión de la noche, y he aquí con las nubes del cielo venía uno como un hijo de hombre, que vino hasta el anciano de días, y le hicieron acercarse delante de él. Y le fue dado dominio, gloria y reino, para que todos los pueblos, naciones y lenguas le sirvieran; su dominio es dominio eterno, que nunca pasará, y su reino uno que no será destruido[...] Aquí fue el fin de sus palabras. En cuanto a mí, Daniel, mis pensamientos me turbaron y mi rostro se demudó; pero guardé el asunto en mi corazón (vv. 9-14, 28).

El regreso del victorioso Mesías

Aunque el sueño concluyó con las buenas noticias del reinado permanente de Cristo, todavía Daniel estaba atribulado. Cuatro grandes imperios se levantarían y de entre ellos una confederación de diez reinos. De la confederación surgiría un vanidoso destructor que finalmente sería destruido por el Hijo del Hombre. La victoria sería de Dios, pero no sin que antes el mundo sufra en gran manera.

Note que Daniel vio uno semejante al Hijo del Hombre que venía ante Dios, el Anciano de Días. A Él le fue dado el reino eterno que nunca sería destruido. Delante de Él se postraban los habitantes de todas las naciones. Servían y adoraban al Hijo del Hombre, que es el mismo Hijo de Dios.

De la misma manera que el Israel actual tiene dos rostros, también su Mesías. Él es a la vez el siervo que padece y el rey que gobierna. Es a la vez el buen pastor y el guerrero victorioso.

A menudo, Dios nos permite ver el futuro en el pasado. Piense en la historia de José, el amado hijo de Jacob. Sus celosos y vengativos hermanos lo traicionaron y planearon su muerte, pero después decidieron venderle como esclavo a Egipto. Sufrió en medio de un pueblo que no era el de su linaje, y después de muchos años de cautiverio y esclavitud, fue promovido al segundo puesto de mayor relevancia de todo el país. Sus hermanos, impulsados por el dolor del hambre, se dirigieron a Egipto y estuvieron delante de José tres veces antes que les revelara su identidad.

El pueblo judío, los hijos de Abraham, han regresado a su tierra en tres ocasiones. La primera vez sucedió cuando volvieron de Egipto dirigidos por Moisés. La segunda fue del cautiverio con Nehemías para reconstruir la muralla. En 1948, reclamaron el derecho ancestral a su tierra por tercera vez. Ahora, después de esta tercera visita, reconocerán a su hermano cuando Él se manifieste.

José dijo a los hijos de Jacob: «Yo soy el hermano que rechazaron, pero he sido exaltado» (véase Génesis 45). Zacarías dice:

> Y derramaré sobre la casa de David, y sobre los moradores de Jerusalén, espíritu de gracia y de oración; y mirarán a mí, a quien traspasaron, y llorarán como se llora por hijo unigénito, afligiéndose por él como quien se aflige por el primogénito. En aquel día habrá gran llanto en Jerusalén, como el llanto de Hadadrimón en el valle de Meguido (Zacarías 12.10-11).

La primera vez el Mesías vino en forma de niño y nació en un pesebre, rodeado de burros y cabras. Cuando regrese vendrá montado en un caballo blanco, cabalgando con gran estruendo entre las nubes y escoltado por los ejércitos celestiales. En su cabeza habrá muchas coronas, ya que vendrá a esta tierra como Rey de reyes y Señor de señores.

La primera vez que vino le trajeron ante Pilato; le arrastraron ante Herodes. Se burlaron de Él, le escupieron y le obligaron a usar un escarnecedor manto de púrpura.

La próxima vez que vuelva, traerán a Pilato ante Él, arrastrarán a Herodes delante de Él, a empujones traerán a Hitler ante Él y ese infame aborrecedor del pueblo judío se postrará delante del Rey de los judíos y confesará que Él es Señor para la gloria de Dios el Padre.

La primera vez que vino lo clavaron en una vergonzosa cruz donde sufrió y se desangró hasta morir en soledad. La próxima vez que vuelva pondrá sus pies en el Monte de los Olivos, el cual se partirá en dos. Caminará por el valle del Cedrón y por la puerta oriental, y establecerá su trono en la cúspide del templo y desde allí reinará durante mil años en el Milenio. Más adelante vendrá el juicio del gran trono blanco, después del cual cesará el tiempo y comenzará la eternidad.

Dice Daniel: «A Él será dado el dominio, la gloria y el reino. Las gentes de todas las naciones y lenguas le servirán. Y su dominio permanecerá para siempre y su reino jamás será destruido».

CAPÍTULO CUATRO

¿Es confiable la profecía?

Sí, estará pensando, algunas predicciones bíblicas se han cumplido, pero las profecías bíblicas son tan inciertas que nunca influirán en mis decisiones y conclusiones en cuanto al futuro. ¡Se equivoca!

El eterno y poderoso Dios, creador del cielo y de la tierra, reina en el pasado, en el presente y en el futuro. Henry Ward Beecher dijo: «La Biblia es el mapa que nos orienta al navegar, que nos protege del fondo del mar y nos muestra dónde se encuentra el puerto y cómo atracar en él sin encallar».

Dios nos ha dado su Palabra por medio de la profecía porque siempre ha querido que su pueblo comprenda su forma de actuar. Cuando Dios decidió destruir a Sodoma y Gomorra, optó por prevenir a Abraham: «¿Encubriré yo a Abraham lo que voy a hacer?» Preguntó (Génesis 18. 17).

Y mientras le daba a Abraham el derecho a poseer la tierra de Israel, Dios le hizo caer en un profundo sueño y dijo:

> Ten por cierto que tu descendencia morará en tierra ajena, y será esclava allí, y será oprimida cuatrocientos años. Mas también a la nación a la cual servirán, juzgaré yo; y después de esto saldrán con gran riqueza. Y tú vendrás a tus padres en paz, y serás sepultado en buena vejez. Y en la cuarta generación volverán acá; porque aún no ha llegado a su colmo la maldad del amorreo hasta aquí[...] En aquel día hizo Jehová un pacto con Abram, diciendo:

A tu descendencia daré esta tierra, desde el río de Egipto hasta el río grande, el río Éufrates (Génesis 15.13-16,18).

Dios desplegó el panorama completo de los acontecimientos futuros con respecto a los descendientes de Abraham, y cada palabra se cumplió. ¡La profecía, incluso la de corto plazo que Dios dio a Abraham, es importante! Estuve en una reunión de pastores evangélicos hace varios años en Houston y un prominente pastor se levantó y dijo: «No estudio ni enseño profecía porque no la comprendo y no creo que sea relevante en el siglo veinte».

Amigos, ¡casi la cuarta parte de la Biblia era profética cuando fue escrita! ¿Por qué iba a querer Dios que una cuarta parte de su Palabra fuera irrelevante o indescifrable? No lo quiso. Quiere que entendamos los acontecimientos futuros. La profecía bíblica prueba, sin lugar a dudas, que Dios conoce y controla el futuro. No está sentado sobre el círculo de la tierra como simple observador, ¡está al timón!

Daniel Webster, al escribir *Confession of Faith* [Confesión de fe] dijo: «Creo que la Biblia se debe comprender y aceptar tal y como la presenta el significado llano de sus pasajes; por lo que me resisto a creer que un libro destinado para la instrucción y conversión de todo el mundo, cubra el verdadero significado con tal duda y misterio que sólo los críticos y filósofos puedan descubrirlo».[1]

Si duda que la Palabra de Dios es precisa, examine las profecías sobre una ciudad llamada Tiro. En Ezequiel 26. Dios pronostica el fin de Tiro: muchas naciones irían contra ella (Ezequiel 26.3); Babilonia la atacaría primero (v. 7); los muros y las torres de Tiro serían demolidos (vv. 4,9); las piedras, la madera y los escombros de la ciudad serían arrojados al mar (v. 12); toda el área sería transformada en una peña lisa y en un lugar donde los pescadores secarían sus redes (vv. 4-5,14); y la ciudad de Tiro jamás sería reconstruida (v. 14).[2]

Tiro era una ciudad pesquera importante. Fue una de las grandes ciudades de Fenicia y una de las más famosas capitales del mundo por más de dos mil años. No obstante, en pleno apogeo, el profeta Ezequiel tuvo la audacia de predecir un violento futuro y un ignominioso fin para la poderosa ciudad de Tiro. Esta destrucción vendría debido a la notoria maldad y arrogancia de la ciudad, rasgos que personificaban a su gobernante, Itobar II, que se autoproclamaba Dios.[3]

La historia ha comprobado las palabras de Ezequiel. Muchas naciones en verdad atacaron a Tiro: Primero los babilonios, luego los griegos, los romanos, los musulmanes y los cruzados. Después de sitiar la ciudad por trece años, Nabucodonosor de Babilonia derribó los muros y las torres de Tiro y masacró a todos sus habitantes, excepto aquellos que escaparon a una isla fortaleza ubicada a casi un kilómetro dentro del mar Mediterráneo. Siglos después que Ezequiel hablara, Alejandro Magno conquistó la isla fortaleza de Tiro al construir una vía desde la costa hasta la isla, utilizando los millones de pies cúbicos de los cascajos que quedaron de la destruida ciudad. De esa forma Tiro quedó como una peña lisa, tal como lo había predicho Ezequiel.[4]

Y, asombrosamente, Tiro jamás fue reconstruida a pesar de ser un bello y estratégico lugar y contener los manantiales de Reselain, que bombean diez millones de galones de agua potable diariamente; el último vestigio de Tiro fue destruido en el año 1291 d.C., para nunca más ser reconstruido. ¿Sabe qué cubren hoy día ese vasto terreno? Las redes de los pescadores que se secan al viento.[5]

En el último capítulo del libro de Daniel encontramos una interesante profecía: «Bienaventurado el que espere, y llegue a mil trescientos treinticinco días» (Daniel 12.12).

¿Qué significa este versículo? Primero, es importante recordar que la profecía a menudo tiene ante todo un cumplimiento literal, en este caso los 1335 días que transcurrirían al final de la época, y otro simbólico, quizá en este caso, años. (Véase Números 14.34: «Conforme al número de los días, de los cuarenta días en que reconocisteis la tierra, llevaréis vuestras iniquidades cuarenta años, un año por cada día; y conoceréis mi castigo».) Si es posible que este versículo tenga un cumplimiento literal basado en año por día, hemos visto cumplirse este versículo en este siglo.

Permítame explicar. El islamismo comenzó en el 622 d.C. Poco tiempo después, Jerusalén fue tomada y ocupada por los musulmanes hasta el 1917. En ese año, Jerusalén fue liberada por el general británico Edmund Henry Allenby, el cual entró a Jerusalén en un caballo blanco. En ese entonces el gobierno británico proclamó que a los judíos se les permitiría regresar a su patria. Esta proclamación, llamada Enmienda Balfour, fue emitida exactamente mil trescientos treinticinco años después, según el sistema islámico de calcular el tiempo. Las monedas del Imperio Otomano que se acuñaron en ese año tenían la fecha «1335» en un lado y «1917» en el otro.

La profecía de Daniel entonces puede significar que después de 1335 años vendría un período de bendición a Israel. Quienes velaron y esperaron tendrían la oportunidad de disfrutar gran bendición. En 1917, muchos judíos alemanes regresaron a Palestina. Muchos de los que no aprovecharon esta oportunidad se quedaron en Alemania y no pudieron escapar el genocidio de Hitler. Es posible que ésta fuese la bendición a que Daniel hacía referencia.

Profecías mesiánicas

Recientemente un famoso predicador fue entrevistado en el programa televisivo *Larry King Live*. King, que es judío, preguntó a este notable predicador: «¿Cómo sabe usted que Jesucristo era el Hijo de Dios?» El ministro sonrió y dijo: «Solo necesito creerlo por fe».

Dios le da importancia a la fe, porque «sin fe es imposible agradar a Dios» (Hebreos 11.6). ¡Pero no tenemos una fe ciega! La mayoría de nosotros nos damos cuenta que mientras más aprendemos, más se robustece nuestra fe con los hechos. Muchos seguidores de Dios han empezado a estudiar la vida y ministerio de Jesús y le hallaron más que digno de ser el objeto de una fe cabal y total. En la búsqueda de la verdad, con corazones sinceros, han examinado los hechos y han proclamado con profunda sinceridad: «¡Jesús es el Señor!»

Dios creó nuestras mentes; sabe que somos gente que quiere comprender. Por tal motivo, nos ha dado las profecías bíblicas que respaldan el mesianazgo de Jesús. Canon Liddon, erudito bíblico, dice que hay 332 diferentes predicciones en el Antiguo Testamento que se cumplieron literalmente en Jesucristo.[6]

Solo he incluido ochenta y ocho que prueban que Jesucristo es el único hombre vivo o que haya vivido que reúne todos los requisitos para ser el Mesías.

Muchos miembros de la comunidad cristiana dicen ahora que Jesucristo ni nació de una virgen ni era el Mesías. Examine la evidencia antes de aceptar tal punto de vista.

El único propósito de escribir este libro es prepararle para el futuro y para la venida del anticristo. Hemos visto lo acertada que es la profecía bíblica y le puedo asegurar que estos hechos sucederán. Pero así como viene el anticristo, puede estar seguro que también lo hará el Mesías.

Como los dos rostros de Jano que miran hacia adelante y hacia atrás, estos dos personajes representan reinos espirituales diametralmente opuestos. Uno de ellos le quiere destruir; el otro, darle vida.

El primero bañará de sangre al mundo; el segundo, traerá la era dorada de la paz.

Permítame presentarle a Jesucristo, rabino judío que vino a la tierra por primera vez como sufriente Salvador y regresará como Rey Conquistador y Príncipe de Paz. Su personalidad, advenimiento y agenda se revelan claramente a través de las siguientes ochenta y ocho grandes profecías relatadas por los profetas del Antiguo Testamento. El cumplimiento de la Palabra de Dios es tan seguro como la aurora, y de la misma forma que cada profecía relacionada con la primera venida de Jesús se ha cumplido literalmente, cada profecía sobre su Segunda Venida y los acontecimientos de los últimos tiempos también se cumplirá tal y como Dios ha predicho.

Moisés presenta un cuadro del Mesías

Dios dio indicios sobre la venida del Mesías desde el mismo huerto del Edén cuando predijo su llegada y misión: «Y pondré enemistad entre ti y la mujer, y entre tu simiente [la Serpiente, Satanás] y la simiente suya; [el Mesías, Jesucristo]; ésta te herirá en la cabeza [la destrucción de Satanás], y tú le herirás en el calcañar [la muerte y resurrección del Mesías]» (Génesis 3.15). Luego Dios, una vez más, da indicios a Abraham sobre la misión del Mesías:

> Pero Jehová había dicho a Abram: Vete de tu tierra y de tu parentela, y de la casa de tu padre, a la tierra que te mostraré. Y haré de ti una nación grande, y te bendeciré, y engrandeceré tu nombre, y serás bendición. Bendeciré a los que te bendijeren, y a los que te maldijeren maldeciré; *y serán benditas en ti todas las familias de la tierra* (Génesis 12.1-3, cursivas añadidas).

Pero fue Moisés el que nos dejó la primera descripción bíblica ampliada del Mesías venidero. En Deuteronomio 18.18-19, Moisés presenta a Israel la siguiente promesa proveniente de Dios: «Profeta les levantaré de en medio de sus hermanos, como tú; y pondré mis palabras en su boca, y él les hablará todo lo que yo le mandare. Mas a cualquiera que no oyere mis palabras que él hablare en mi nombre, yo le pediré cuenta».

En Hechos 3.22-26, el apóstol Pedro explica cómo esta profecía de Moisés se aplica a Jesucristo de Nazaret, Mesías de Israel:

> Porque Moisés dijo a los padres: «El Señor vuestro Dios os levantará profeta de entre vuestros hermanos, como a mí; a Él oiréis en todas las cosas que os hablare; y toda alma que no oiga a aquel profeta, será desarraigada del pueblo». Y todos los profetas desde Samuel en adelante, cuantos han hablado, también han anunciado estos días. Y vosotros sois los hijos de los profetas, y del pacto que Dios hizo con nuestros padres, diciendo a Abraham: «En tu

simiente serán benditas todas las familias de la tierra». A vosotros primeramente, Dios, habiendo levantado a su Hijo, lo envió para que os bendijese, a fin de que cada uno se convierta de su maldad.

Las palabras de Moisés establecían tres factores: Primero, Dios prometió enviar a Israel un Profeta particular en un tiempo posterior. El lenguage que Moisés usa denota una evidente singularidad en todo el pasaje: «*Un* profeta», «*su* boca», «*Él* les hablará». Estas palabras no pueden describir en su totalidad a los profetas que Israel tendría posteriormente. Se refieren más bien a un profeta especial.

Segundo, este profeta tendría una autoridad sin igual, por encima de todos los que le habían precedido, y si alguien en Israel rehusaba escucharle, Dios juzgaría a tal persona.

Tercero, este profeta sería como Moisés en el sentido de que se distinguiría de todos los demás profetas. Una cuidadosa comparación de la vida de estos dos hombres revela veintisiete distintos paralelos entre la vida de Moisés y la de Jesús.

1. **Tanto Moisés como Jesús nacieron en un período cuando Israel era dominado por un gobierno extranjero.**

«Entretanto, se levantó sobre Egipto un nuevo rey que no conocía a José[...] Entonces pusieron sobre ellos comisarios de tributos que los molestasen con sus cargas; y edificaron para Faraón las ciudades de almacenaje, Pitón y Ramesés» (Éxodo 1.8,11).

«Aconteció en aquellos días, que se promulgó un edicto de parte de Augusto César que todo el mundo fuese empadronado. Este primer censo se hizo siendo Cirenio gobernador de Siria. E iban todos para ser empadronados, cada uno a su ciudad. Y José subió de Galilea, de la ciudad de Nazaret, a Judea, a la ciudad de David, que se llama Belén, por cuanto era de la casa y familia de David; para ser empadronados con María

su mujer, desposada con él, la cual estaba encinta»
(Lucas 2.1-5).

2. Crueles reyes decidieron matar a Moisés y a Jesús cuando eran niños.

«Y habló el rey de Egipto a las parteras de las
hebreas, una de las cuales se llamaba Sifra, y otra Fúa,
y les dijo: Cuando asistáis a las hebreas en sus partos,
y veáis el sexo, si es hijo, matadlo; y si es hija, entonces
viva. Pero las parteras temieron a Dios, y no hicieron
como les mandó el rey de Egipto, sino que preservaron
la vida a los niños» (Éxodo 1.15-17).

«Herodes entonces[...] se enojó mucho, y mandó
matar a todos los niños menores de dos años que había
en Belén y en todos sus alrededores, conforme al tiempo
que había inquirido de los magos» (Mateo 2.16).

3. La fe de los padres de Moisés y de Jesús les salvaron la vida.

«La que concibió [la madre de Moisés], y dio a luz
un hijo; y viéndole que era hermoso, le tuvo escondido
tres meses. Pero no pudiendo ocultarle más tiempo,
tomó una arquilla de juncos y la calafateó con asfalto y
brea, y colocó en ella al niño y lo puso en un carrizal
a la orilla del río. Y una hermana suya se puso a lo
lejos, para ver lo que le acontecería» (Éxodo 2.2-4).

«Por la fe Moisés, cuando nació, fue escondido por
sus padres por tres meses, porque le vieron niño
hermoso, y no temieron el decreto del rey» (Hebreos
11.23).

«Después que partieron ellos, he aquí un ángel del
Señor apareció en sueños a José y dijo: Levántate y
toma al niño y a su madre, y huye a Egipto, y permanece
allá hasta que yo te diga; porque acontecerá que Herodes buscará al niño para matarlo. Y él, despertando,
tomó de noche al niño y a su madre, y se fue a Egipto»
(Mateo 2.13-14).

4. **Tanto Moisés como Jesús encontraron temporalmente refugio en el pueblo de Egipto.**

«Y cuando el niño creció, ella lo trajo a la hija de Faraón, la cual lo prohijó, y le puso por nombre Moisés, diciendo: Porque de las aguas lo saqué» (Éxodo 2.10).

«Y él, despertando, tomó de noche al niño y a su madre, y se fue a Egipto, y estuvo allá hasta la muerte de Herodes; para que se cumpliese lo que dijo el Señor por medio del profeta, cuando dijo: De Egipto llamé a mi hijo» (Mateo 2.14-15).

5. **Moisés y Jesús tenían sabiduría y entendimiento inusuales.**

«Y fue enseñado Moisés en toda la sabiduría de los egipcios; y era poderoso en sus palabras y obras» (Hechos 7.22).

«Y aconteció que tres días después le hallaron [a Jesús] en el templo, sentado en medio de los doctores de la ley, oyéndoles y preguntándoles. Y todos los que lo oían, se maravillaban de su inteligencia y de sus respuestas» (Lucas 2.46-47).

6. **Los caracteres de Moisés y Jesús se caracterizaban por una marcada mansedumbre y humildad.**

«Y aquel varón Moisés era muy manso, más que todos los hombres que había sobre la tierra» (Números 12.3).

«Venid a mí todos los que estáis trabajados y cargados, y yo os haré descansar. Llevad mi yugo sobre vosotros, y aprended de mí, que soy manso y humilde de corazón; y hallaréis descanso para vuestras almas; porque mi yugo es fácil, y ligera mi carga» (Mateo 11.28-30).

7. Moisés y Jesús eran completamente fieles a Dios.

«Mi siervo Moisés, que es fiel en toda mi casa» (Números 12.7).

«Por tanto, hermanos santos, participantes del llamamiento celestial, considerad al Apóstol y Sumo Sacerdote de nuestra profesión, Cristo Jesús; el cual es fiel al que le constituyó, como también lo fue Moisés en toda la casa de Dios. Porque de tanto mayor gloria que Moisés es estimado digno éste, cuanto tiene mayor honra que la casa el que la hizo. Porque toda casa es hecha por alguno; pero el que hizo todas las cosas es Dios. Y Moisés a la verdad fue fiel en toda la casa de Dios, como siervo, para testimonio de lo que se iba a decir; pero Cristo como hijo sobre su casa, la cual casa somos nosotros, si retenemos firme hasta el fin la confianza y el gloriarnos en la esperanza» (Hebreos 3.1-6).

8. Moisés y Jesús fueron rechazados por Israel en una ocasión.

«Al día siguiente salió [Moisés] y vio a dos hebreos que reñían; entonces dijo al que maltrataba al otro: ¿Por qué golpeas a tu prójimo? Y él respondió: ¿Quién te ha puesto a ti por príncipe y juez sobre nosotros? ¿Piensas matarme como mataste al egipcio? Entonces Moisés tuvo miedo, y dijo: Ciertamente esto ha sido descubierto» (Éxodo 2.13-14).

«Viendo el pueblo que Moisés tardaba en descender del monte, se acercaron entonces a Aarón, y le dijeron: Levántate, haznos dioses que vayan delante de nosotros; porque a este Moisés, el varón que nos sacó de la tierra de Egipto, no sabemos qué le haya acontecido» (Éxodo 32.1).

«Y respondiendo el gobernador, les dijo: ¿A cuál de los dos queréis que os suelte? Y ellos dijeron: A Barrabás. Pilato les dijo: ¿Qué, pues, haré de Jesús,

llamado el Cristo? Todos dijeron: ¡Sea crucificado!»
(Mateo 27.21-22).

9. **Tanto Moisés como Jesús fueron criticados por sus hermanos.**

«María y Aarón hablaron contra Moisés a causa de
la mujer cusita que había tomado; porque él había
tomado mujer cusita» (Números 12.1).

«Porque ni aun sus hermanos [los de Jesús] creían
en Él» (Juan 7.5).

10. **Moisés y Jesús fueron recibidos por los gentiles después de ser rechazados por Israel.**

«Moisés huyó [de Egipto] y habitó en la tierra de
Madián[...] Y Moisés convino en morar con aquel
varón [Reuel], y él dio su hija Séfora por mujer a
Moisés» (Éxodo 2.15,21).

«El siguiente día de reposo se juntó casi toda la
ciudad para oír la palabra de Dios. Pero viendo los
judíos la muchedumbre, se llenaron de celos, y rebatían
lo que Pablo decía, contradiciendo y blasfemando.
Entonces Pablo y Bernabé, hablando con denuedo
dijeron: A vosotros a la verdad era necesario que se os
hablase primero la palabra de Dios; mas puesto que la
desecháis, y no os juzgáis dignos de la vida eterna, he
aquí, nos volvemos a los gentiles. Porque así nos ha
mandado el Señor, diciendo: Te he puesto para luz de
los gentiles, a fin de que seas para salvación hasta lo
último de la tierra. Los gentiles, oyendo esto, se
regocijaban y glorificaban la palabra del Señor, y
creyeron todos los que estaban ordenados para vida
eterna» (Hechos 13.44-48).

11. **Moisés y Jesús oraron pidiendo perdón para el pueblo de Dios.**

«Entonces volvió Moisés a Jehová, y dijo: Te ruego,
pues este pueblo ha cometido un gran pecado, porque

se hicieron dioses de oro, que perdones ahora su pecado, y si no, ráeme ahora de tu libro que has escrito» (Éxodo 32.31-32).

«Y Jesús decía: Padre, perdónalos, porque no saben lo que hacen» (Lucas 23.34).

12. Moisés y Jesús estaban dispuestos a llevar el castigo del pueblo de Dios.

«Entonces volvió Moisés a Jehová, y dijo: Te ruego, pues este pueblo ha cometido un gran pecado, porque se hicieron dioses de oro, que perdones ahora su pecado, y si no, ráeme ahora de tu libro que has escrito» (Éxodo 32.31-32).

«Porque también Cristo padeció una sóla vez por los pecados, el justo por los injustos, para llevarnos a Dios, siendo a la verdad muerto en la carne, pero vivificado en el espíritu» (1 Pedro 3.18)

13. Tanto Moisés como Jesús ayunaron por cuarenta días.

«Y él [Moisés] estuvo allí con Jehová cuarenta días y cuarenta noches; no comió pan, ni bebió agua; y escribió en tablas las palabras del pacto, los diez mandamientos» (Éxodo 34.28).

«Y después de haber ayunado [Jesús] cuarenta días y cuarenta noches, tuvo hambre» (Mateo 4.2).

14. Moisés y Jesús hablaron con Dios cara a cara.

«No así a mi siervo Moisés, que es fiel en toda mi casa. Cara a cara hablaré con él, y claramente, y no por figuras; y verá la apariencia de Jehová» (Números 12.7-8).

«Y nunca más se levantó profeta en Israel como Moisés, a quien haya conocido Jehová cara a cara» (Deuteronomio 34.10).

«A Dios nadie le vio jamás; el unigénito Hijo [Jesús], que está en el seno del Padre, Él le ha dado a conocer» (Juan 1.18).

15. **Moisés y Jesús subieron a un monte alto para tener comunión con Dios, llevando a sus discípulos más cercanos con ellos.**

«Y subieron [al monte Sinaí] Moisés y Aarón, Nadab y Abiú, y setenta de los ancianos de Israel; y vieron al Dios de Israel; y había debajo de sus pies como un embaldosado de zafiro, semejante al cielo cuando está sereno» (Éxodo 24.9-10).

«Seis días después, Jesús tomó a Pedro, a Jacobo y a Juan su hermano, y los llevó aparte a un monte alto[…] Mientras Él aún hablaba, una nube de luz los cubrió; y he aquí una voz desde la nube, que decía: Este es mi Hijo amado, en quien tengo complacencia; a Él oíd» (Mateo 17.1,5).

16. **Después de la experiencia en la cima, el rostro de Moisés y el de Jesús brillaban con una gloria sobrenatural.**

«Cuando venía Moisés delante de Jehová para hablar con Él, se quitaba el velo hasta que salía; y saliendo, decía a los hijos de Israel lo que le era mandado. Y al mirar los hijos de Israel el rostro de Moisés, veían que la piel de su rostro era resplandeciente; y volvía a poner Moisés el velo sobre su rostro, hasta que entraba a hablar con Dios» (Éxodo 34.34-34).

«Y se transfiguró [Jesús] delante de ellos, y resplandeció su rostro como el sol, y sus vestidos se hicieron blancos como la luz» (Juan 17.2).

17. **Dios hablaba audiblemente desde el cielo con Moisés y también con Jesús.**

«Moisés hablaba, y Dios le respondía con voz tronante. Y descendió Jehová sobre el monte Sinaí, sobre la cumbre del monte; y llamó Jehová a Moisés a la cumbre del monte, y Moisés subió» (Éxodo 19.19-20).

18. Las tumbas de Moisés y Jesús fueron custodiadas por ángeles.

«Pero cuando el arcángel Miguel contendía con el diablo, disputando con él por el cuerpo de Moisés, no se atrevió a proferir juicio de maldición contra él, sino que dijo: «El Señor te reprenda» (Judas 9).

«Y hubo un gran terremoto, porque un ángel del Señor, descendiendo del cielo y llegando, removió la piedra, y se sentó sobre ella[...] Mas el ángel, respondiendo, dijo a las mujeres: No temáis vosotras; porque yo sé que buscáis a Jesús, el que fue crucificado. No está aquí, pues ha resucitado, Venid, ved el lugar donde fue puesto el Señor» (Mateo 28.2,5-6).

19. Tanto Moisés como Jesús aparecieron vivos después de su muerte.

«Y he aquí les aparecieron [a Jesús, Pedro, Santiago y Juan] Moisés y Elías, hablando con Él» (Mateo 17.3).

«Cuando llegó la noche de aquel mismo día, el primero de la semana, estando las puertas cerradas en el lugar donde los discípulos estaban reunidos por medio de los judíos, vino Jesús, y puesto en medio, les dijo: «Paz a vosotros». Y cuando les hubo dicho esto, les mostró las manos y el costado. Y los discípulos se regocijaron viendo al Señor» (Juan 20.19-20).

20. Jesús y Moisés fueron maestros.

«[Moisés hablando:] Ahora, pues, oh Israel, oye los estatutos y decretos que yo os enseño, para que los ejecutéis, y viváis, y entréis y poseáis la tierra que Jehová el Dios de vuestros padres os da» (Deuteronomio 4.1).

«Había un hombre de los fariseos que se llamaba Nicodemo, un principal entre los judíos. Este vino a

Jesús de noche, y le dijo: Rabí, sabemos que has venido de Dios como maestro, porque nadie puede hacer estas señales que tú haces, si no está Dios con Él» (Juan 3.1-2).

21. Moisés y Jesús eran pastores del pueblo de Dios.

«Condujiste a tu pueblo como ovejas, por mano de Moisés y de Aarón» (Salmo 77.20).

«[Jesús dijo:] Yo soy el buen pastor; el buen pastor su vida da por las ovejas[...] Mis ovejas oyen mi voz, y yo las conozco, y me siguen» (Juan 10.11,27).

22. Moisés y Jesús dieron a conocer el nombre de Dios al pueblo.

«Dijo Moisés a Dios: He aquí que llego yo a los hijos de Israel, y les digo: El Dios de vuestros padres me ha enviado a vosotros. Si ellos me preguntaren: ¿Cuál es su nombre?, ¿qué les responderé? Y respondió Dios a Moisés: YO SOY EL QUE SOY. Y dijo: Así dirás a los hijos de Israel: YO SOY me envió a vosotros» (Éxodo 3.13-14).

«[Jesús oraba:] He manifestado tu nombre a los hombres que del mundo me diste; tuyos eran, y me los diste, y han guardado tu palabra[...] Y ya no estoy en el mundo; mas éstos están en el mundo, y yo voy a ti. Padre santo, a los que me has dado, guárdalos en tu nombre, para que sean uno, así como nosotros. Cuando estaba con ellos en el mundo, yo los guardaba en tu nombre; a los que me diste, yo los guardé, y ninguno de ellos se perdió, sino el hijo de perdición, para que la Escritura se cumpliese» (Juan 17.6,11-12).

23. Dios alimentó a su pueblo sobrenaturalmente por medio de Moisés y de Jesús.

«Y cuando el rocío cesó de descender, he aquí sobre la faz del desierto una cosa menuda, redonda, menuda como una escarcha sobre la tierra. Y viéndolo los hijos de Israel, se dijeron unos a otros: ¿Qué es esto? Porque no sabían qué era. Entonces Moisés les dijo: Es el pan que Jehová os da para comer» (Éxodo 16.14-15).

«Entonces [Jesús] mandó a la gente recostarse sobre la hierba; y tomando los cinco panes y los dos peces, y levantando los ojos al cielo, bendijo, y partió y dio los panes a los discípulos, y los discípulos a la multitud. Y comieron todos, y se saciaron; y recogieron lo que sobró de los pedazos, doce cestas llenas. Y los que comieron fueron como cinco mil hombres, sin contar las mujeres y los niños» (Mateo 14.19-21).

24. Moisés y Jesús dieron la libertad al pueblo de Dios.

«Dijo luego Jehová: Bien he visto la aflicción de mi pueblo que está en Egipto, y he oído su clamor a causa de sus exactores; pues he conocido sus angustias, y he descendido para librarlos de mano de los egipcios, y sacarlos de aquella tierra a una tierra buena y ancha, a tierra que fluye leche y miel, a los lugares del cananeo, del heteo, del amorreo, del ferezeo, del heveo y del jebuseo[...] Ven, por tanto, ahora, y te enviaré a Faraón, para que saques de Egipto a mi pueblo, los hijos de Israel» (Éxodo 3.7-8,10).

«Y se le dio [a Jesús] el libro del profeta Isaías; y habiendo abierto el libro, halló el lugar donde estaba escrito: El espíritu del Señor está sobre mí, por cuanto me ha ungido para dar buenas nuevas a los pobres; me ha enviado a sanar a los quebrantados de corazón; a pregonar libertad a los cautivos, y vista a los ciegos; a poner en libertad a los oprimidos; a predicar el año agradable del Señor[...] Y comenzó a decirles: Hoy se ha cumplido esta Escritura delante de vosotros» (Lucas 4.17-19,21).

25. **Moisés y Jesús dieron sanidad al pueblo de Dios.**

«Y se desanimó el pueblo [Israel] por el camino[...] Y Jehová envió entre el pueblo serpientes ardientes, que mordían al pueblo; y murió mucho pueblo de Israel. Entonces el pueblo vino a Moisés y dijo: Hemos pecado por haber hablado contra jehová, y contra ti; ruega a Jehová que quite de nosotros estas serpientes. Y Moisés oró por el pueblo. Y Jehová dijo a Moisés: Hazte una serpiente ardiente, y ponla sobre una asta; y cualquiera que fuere mordido, y mirare a ella, vivirá. Y Moisés hizo una serpiente de bronce, y la puso sobre una asta; y cuando alguna serpiente mordía a alguno, miraba a la serpiente de bronce y vivía» (Números 21.8-9).

«Y recorrió [Jesús] toda Galilea, enseñando en las sinagogas de ellos, y predicando el evangelio del reino, y sanando toda enfermedad y toda dolencia en el pueblo» (Mateo 4.23).

«Quien llevó Él mismo [Jesús] nuestros pecados en su cuerpo sobre el madero, para que nosotros, estando muertos a los pecados, vivamos a la justicia; y por cuya herida fuisteis sanados» (1 Pedro 2.24).

26. **Tanto Moisés como Jesús hicieron grandes milagros.**

«Y nunca más se levantó profeta en Israel como Moisés, a quien haya conocido Jehová cara a cara; nadie como él en todas las señales y prodigios que Jehová le envió a hacer en tierra de Egipto, a Faraón y a todos sus siervos y a toda su tierra, y en el gran poder y en los hechos grandiosos y terribles que Moisés hizo a la vista de todo Israel» (Deuteronomio 34.10-12).

«Varones israelitas, oíd estas palabras; Jesús nazareno, varón aprobado por Dios entre vosotros con las maravillas, prodigios y señales que Dios hizo entre vosotros por medio de Él, como vosotros mismos sabéis» (Hechos 2.22).

27. **Tanto Moisés como Jesús establecieron y sellaron con sangre un pacto entre Dios y su pueblo.**

«Y tomó el libro del pacto y lo leyó a oídos del pueblo, el cual dijo: Haremos todas las cosas que Jehová ha dicho, y obedeceremos. Entonces Moisés tomó la sangre y roció sobre el pueblo, y dijo: He aquí la sangre del pacto que Jehová ha hecho con vosotros sobre todas estas cosas» (Éxodo 24.7-8).

«Pero estando ya presente Cristo, Sumo Sacerdote de los bienes venideros[...] entró una vez para siempre en el Lugar Santísimo, habiendo obtenido eterna redención. Porque si la sangre de los toros y de los machos cabríos, y las cenizas de la becerra rociadas a los inmundos, santifican para la purificación de la carne, ¿cuánto más la sangre de Cristo, el cual mediante el Espíritu eterno se ofreció así mismo sin mancha a Dios, limpiará vuestras conciencias de obras muertas para que sirváis al Dios vivo? Así que, por eso es mediador de un nuevo pacto» (Hebreos 9.11-15).

No solamente la Escritura pinta un vivo cuadro sobre la similitud de Cristo con Moisés en el rol de libertador; también los profetas predijeron su venida y ministerio por miles de años. Los profetas hablaban de un Mesías sufriente y de un Mesías victorioso y reinante; las siguientes profecías se cumplieron en Jesús en su primera venida:

1. **El Mesías nacería de una mujer.**

Profecía: cuando Adán y Eva pecaron en el huerto del Edén, Dios el Padre dictó esta sentencia a Satanás: «Y pondré enemistad entre ti y la mujer, y entre tu simiente y la simiente suya; ésta te herirá en la cabeza, y tú le herirás en el calcañar» (Génesis 3.15).

Cumplimiento: «Pero cuando vino el cumplimiento del tiempo, Dios envió a su Hijo, nacido de mujer y nacido bajo la ley» (Gálatas 4.4).

En su primera venida el Mesías salió del vientre de una madre, como todo el mundo. Lo interesante en los pasajes arriba citados es que se hace énfasis en la mujer, no en el hombre. Esto se debe a que Jesús no fue concebido por la unión de un hombre y una mujer, sino por el poder del Espíritu Santo, que cubrió a la virgen María con su sombra. (Véase Lucas 1.35.)

2. El Mesías nacería de una virgen.

Profecía: «Por tanto, el Señor mismo os dará señal: He aquí que la virgen concebirá, y dará a luz un hijo, y llamará su nombre Emanuel» (Isaías 7.14).

Cumplimiento: «Al sexto mes el ángel Gabriel fue enviado por Dios a una ciudad de Galilea, llamada Nazaret, a una virgen desposada con un varón que se llamaba José, de la casa de David; y el nombre de la virgen era María[...] Entonces el ángel le dijo: María, no temas, porque has hallado gracia delante de Dios. Y ahora, concebirás en tu vientre, y darás a luz un hijo, y llamarás su nombre JESÚS[...] Entonces María dijo al ángel: ¿Cómo será esto? pues no conozco varón. Respondiendo el ángel, le dijo: El Espíritu Santo vendrá sobre ti, y el poder del Altísimo te cubrirá con su sombra; por lo cual también el santo ser que nacerá, será llamado Hijo de Dios[...] porque nada es imposible para Dios. Entonces María le dijo: He aquí la sierva del Señor; hágase conmigo conforme a tu palabra. Y el ángel se fue de su presencia» (Lucas 1.26-27,30-31,34-35,37-38).

3. El Mesías sería el Hijo de Dios.

Profecía: «Yo publicaré el decreto; Jehová me ha dicho: Mi hijo eres tú; yo te engendré hoy» (Salmo 2.7).

Cumplimiento: «Y hubo una voz de los cielos [la voz del Padre] que decía: Este es mi Hijo amado, en quien tengo complacencia» (Mateo 3.17).

«Y los espíritus inmundos, al verle, se postraban delante de Él, y daban voces, diciendo: Tú eres el Hijo de Dios» (Marcos 3.11).

El Salmo 2.7 es un salmo real, por medio del cual el Mesías proclama la afirmación del Padre sobre su legitimidad como Mesías.

4. El Mesías vendría de la simiente de Abraham.

Profecía: «En tu simiente serán benditas todas las naciones de la tierra, por cuanto obedeciste a mi voz» (Génesis 22.18).

«Y serán benditas en ti todas las familias de la tierra» (Génesis 12.3).

Cumplimiento: «Libro de la genealogía de Jesucristo, hijo de David, hijo de Abraham» (Mateo 1.1).

«Ahora bien, a Abraham fueron hechas las promesas, y a su simiente. No dice: Y a las simientes, como si hablase de muchos, sino como de uno: Y a tu simiente, la cual es Cristo» (Gálatas 3.16).

5. El Mesías sería Hijo de Isaac.

Profecía: «Respondió Dios: Ciertamente Sara tu mujer te dará a luz un hijo, y llamarás su nombre Isaac; y confirmaré mi pacto con él como pacto perpetuo para sus descendientes después de él» (Génesis 17.19).

Cumplimiento: «Abraham engendró a Isaac, Isaac a Jacob, y Jacob a Judá y a sus hermanos[...] y Jacob engendró a José, marido de María, de la cual nació Jesús, llamado el Cristo» (Mateo 1.2,16).

«Jesús[...] hijo de Isaac» (Lucas 3.23,34).

6. El Mesías sería hijo de Jacob.

Profecía: «Lo veré, mas no ahora; Lo miraré, mas no de cerca; saldrá ESTRELLA de Jacob, y se levantará cetro de Israel, y herirá las sienes de Moab, y destruirá a todos los hijos de Set» (Números 24.17)

Cumplimiento: «Abraham engendró a Isaac, Isaac a Jacob, y Jacob a Judá y a sus hermanos[...] y Jacob engendró a José, marido de María, de la cual nació Jesús llamado el Cristo» (Mateo 1.2, 16).

«Jesús[...] hijo de Jacob» (Lucas 3.23,34).

7. **El Mesías sería de la tribu de Judá.**

«No será quitado el cetro de Judá, ni el legislador de entre sus pies, hasta que venga Siloh; y a Él se congregarán los pueblos» (Génesis 49.10).

Cumplimiento: «Judá engendró de Tamar a Fares y a Zara[...] y Jacob engendró a José, marido de María, de la cual nació Jesús, llamado el Cristo» (Mateo 1.16).

«Jesús[...] hijo de Judá» (Lucas 3.23,33).

«Porque manifiesto es que nuestro Señor vino de la tribu de Judá» (Hebreos 7.14).

8. **El Mesías sería de la familia de Isaí.**

Profecía: «Saldrá una vara del tronco de Isaí, y un vástago retoñará de sus raíces» (Isaías 11.1).

Cumplimiento: «Isaí engendró al rey David[...] y Jacob engendró a José, marido de María, de la cual nació Jesús, llamado el Cristo» (Mateo 1.6,16).

«Jesús[...] hijo de Isaí» (Lucas 3.23,32).

La profecía de Isaías está en lenguaje figurado, presentando a Isaí como tronco de árbol y al vástago como la «foto» exacta de su linaje. Isaías predijo que alguien saldría de la estirpe de Isaí y daría mucho fruto. Jesucristo, descendiente del linaje de Isaí, ha producido muchos frutos espirituales, más que ningún otro en la historia. Los que confían en Él como Salvador son nacidos en Él, llegando a ser hijos de Dios por el poder de su nombre, dando frutos espirituales por medio de Él.

9. **El Mesías sería de la casa de David.**

Profecía: «Porque un niño nos es nacido, hijo no es dado, y el principado sobre su hombro; y se llamará su nombre Admirable, Consejero, Dios Fuerte, Padre Eterno, Príncipe de Paz. Lo dilatado de su imperio y la paz no tendrán límite, sobre el trono de David y sobre su reino, disponiéndolo y confirmándolo en juicio y en justicia desde ahora y para siempre. El celo de Jehová de los ejércitos hará esto» (Isaías 9.7).

Cumplimiento: «Y el rey David engendró a Salomón de la que fue mujer de Urías[...] y Jacob engendró a José, marido de María, de la cual nació Jesús, llamado el Cristo» (Mateo 1.6,16).

«Jesús[...] hijo de David» (Lucas 3.23,31).

Jesús descendió del linaje de David, y en su futuro reino milenial regirá al mundo con rectitud y justicia. Un día Él, como hijo de David, reinará desde la cúspide del templo en Jerusalén y su reino permanecerá para siempre.

10. **El Mesías nacería en Belén.**

Profecía: «Pero tú, Belén Efrata, pequeña para estar entre las familias de Judá, de ti me saldrá el que será Señor en Israel; y sus salidas son desde el principio, desde los días de la eternidad» (Miqueas 5.2).

Cumplimiento: «Jesús nació en Belén de Judea» (Mateo 2.1).

11. **Una estrella anunciaría el nacimiento del Mesías.**

Profecía: «Lo veré, mas no ahora; lo miraré. Mas no de cerca; saldrá estrella de Jacob, y se levantará cetro de Israel, y herirá las sienes de Moab, y destruirá a todos los hijos de Set» (Números 24.17).

Cumplimiento: «Cuando Jesús nació en Belén de Judea en días del rey Herodes, vinieron del oriente a Jerusalén unos magos, diciendo: ¿Dónde está el rey de los judíos, que ha nacido? Porque su estrella hemos visto en el oriente, y venimos a adorarle» (Mateo 2.1-2).

Un comentarista bíblico señala: «Muchas personas opinan que la declaración de los magos sugería un conocimiento de la profecía de Balaam tocante a la estrella que saldría de Jacob».[7]

12. **Herodes mataría a los niños.**

Profecía: «Así ha dicho Jehová: Voz fue oída en Ramá, llanto y lloro amargo; Raquel que lamenta por sus hijos, y no quiso ser consolada acerca de sus hijos, porque perecieron» (Jeremías 31.15).

Cumplimiento: «Herodes entonces, cuando se vio burlado por los magos, se enojó mucho, y mandó matar a todos los niños menores de dos años que había en Belén y en todos sus alrededores, conforme al tiempo que había inquirido de los magos» (Mateo 3.16).

Unos magos vinieron de oriente y dijeron a Herodes que había nacido un nuevo rey, el de los judíos. Políticamente, no le convenía a Herodes permitir otro levantamiento en el territorio que Roma puso bajo su responsabilidad, ya que el título de «Rey de los judíos» en ese instante le pertenecía a Él. Por lo tanto, al no saber la identidad exacta del recién nacido Rey, decretó que todos los niños de dos años hacia abajo fuesen asesinados con la esperanza de que el niño Rey pereciera en la matanza.

13. **El Mesías ha preexistido.**

Profecía: «Pero tú, Belén Efrata, pequeña para estar entre las familias de Judá, de ti me saldrá el que será Señor en Israel; y sus salidas son desde el principio, desde los días de la eternidad» (Miqueas 5.2).

Cumplimiento: «Y Él es [ha existido] antes de todas las cosas, y todas las cosas en Él subsisten» (Colosenses 1.17).

14. **El Mesías sería llamado «Señor».**

Profecía: «Jehová dijo a mi Señor: siéntate a mi diestra, hasta que ponga a tus enemigos por estrado de tus pies» (Salmo 110.1).

Cumplimiento: «Enseñando Jesús en el templo, decía: ¿cómo dicen los escribas que el Cristo es hijo de David? Porque el mismo David dijo por el Espíritu Santo: Dijo el Señor a mi Señor: Siéntate a mi diestra, hasta que ponga a tus enemigos por estrado de tus pies. David mismo le llama Señor, ¿cómo, pues, es su hijo? Y gran multitud del pueblo le oía de buena gana» (Marcos 12.35-37).

El *Bible Knowledge Commentary* [Comentario de Conocimiento Bíblico] examina la profecía de David: «David escuchó una conversación celestial entre el Señor (Yahweh) y el Señor de David ('adonay), o sea, entre Dios el Padre y el Mesías. El verbo *dice* es[...] una palabra que a menudo se usa para describir un oráculo o revelación. En este oráculo Yahweh dijo que el Señor de David, el Mesías, está sentado a la diestra de Yahweh (compárese con el v. 5), el lugar de autoridad, hasta la consumación de los siglos (compárese con Salmo 2.8-9). En aquél tiempo el Señor enviará al Señor de David, [Jesús] el Mesías, para sujetar a sus enemigos. «A sus pies» quiere decir subyugación total. Con su cetro el Mesías gobernará[...] sobre sus enemigos».[8]

15. **El Mesías sería llamado Emanuel (Dios con nosotros).**

Profecía: «Por tanto, el Señor mismo os dará señal: He aquí que la virgen concebirá, y dará a luz un hijo, y llamará su nombre Emanuel» (Isaías 7.14).

Cumplimiento: «He aquí, una virgen concebirá y dará a luz un hijo, y llamarás su nombre Emanuel, que traducido es: Dios con nosotros. Y despertando José del sueño, hizo como el ángel del Señor le había mandado, y recibió a su mujer. Pero no la conoció hasta que dio a luz a su hijo primogénito; y le puso por nombre Jesús» (Mateo 1.23-25).

16. El Mesías sería profeta.

Profecía: «Profeta les levantaré de en medio de sus hermanos, como tú; y pondré mis palabras en su boca, y él les hablará todo lo que yo le mandare» (Deuteronomio 18.18).

Cumplimiento: «Y la gente decía: Éste es Jesús el profeta, de Nazaret de Galilea» (Mateo 21.11).

17. El Mesías sería sacerdote.

Profecía: «Juró Jehová, y no se arrepentirá: Tú eres sacerdote para siempre según el orden de Melquisedec» (Salmo 110.4).

Cumplimiento: «Por tanto, hermanos santos, participantes del llamamiento celestial, considerad al Apóstol y Sumo Sacerdote de nuestra profesión, Cristo Jesús» (Hebreos 3.1).

«Y Cristo, en los días de su carne, ofreciendo ruegos y súplicas con gran clamor y lágrimas al que le podía librar de la muerte, fue oído a causa de su temor reverente. Y aunque era Hijo, por lo que padeció aprendió la obediencia; y habiendo sido perfeccionado, vino a ser autor de eterna salvación para todos los que le obedecen; y fue declarado por Dios Sumo Sacerdote según el orden de Melquisedec» (Hebreos 5.7-10).

18. El Mesías sería juez.

Profecía: «Porque Jehová es nuestro juez, Jehová es nuestro legislador, Jehová es nuestro Rey; Él mismo nos salvará» (Isaías 33.22).

Cumplimiento: «Te encarezco delante de Dios y del Señor Jesucristo, que juzgará a los vivos y a los muertos en su manifestación y en su reino» (2 Timoteo 4.1).

Dios el Padre ha dado el rol de Juez a Jesucristo. Un día venidero, cada hombre, mujer y niño estarán de pie ante Jesucristo el juez y reconocerán que Él es Señor.

19. El Mesías sería Rey.

Profecía: «Lo dilatado de su imperio y la paz no tendrán límite, sobre el trono de David y sobre su reino, disponiéndolo y confirmándolo en juicio y en justicia desde ahora y para siempre. El celo de Jehová de los ejércitos hará esto» (Isaías 9.7).

Cumplimiento: «Le dijo entonces Pilato: ¿Luego, eres tú rey? Respondió Jesús: Tú dices que yo soy rey. Yo para esto he nacido, y para esto he venido al mundo, para dar testimonio a la verdad. Todo aquel que es de la verdad, oye mi voz» (Juan 18.37).

20. El Mesías sería ungido por el Espíritu Santo.

Profecía: «Y reposará sobre él Espíritu de Jehová; espíritu de sabiduría y de inteligencia, espíritu de consejo y de poder, espíritu de conocimiento y de temor de Jehová» (Isaías 11.2).

Cumplimiento: «Y Jesús, después que fue bautizado, subió luego del agua; y he aquí los cielos le fueron abiertos, y vio al Espíritu de Dios que descendía como paloma, y venía sobre Él. Y hubo una voz de los cielos, que decía: Este es mi Hijo amado, en quien tengo complacencia» (Mateo 3.16-17).

21. El Mesías tendría un gran celo por todo lo concerniente a Dios.

Profecía: «Porque me consumió el celo de tu casa; y los denuestos de los que te vituperaban cayeron sobre mí» (Salmo 69.9).

Cumplimiento: «Estaba cerca la pascua de los judíos; y subió Jesús a Jerusalén, y halló en el templo a los que vendían bueyes, ovejas y palomas, y a los cambistas allí sentados. Y haciendo un azote de cuerdas, echó fuera del templo a todos, y las ovejas y los bueyes; y esparció las monedas de los cambistas, y volcó las mesas; y dijo a los que vendían palomas: Quitad de aquí esto, y no hagáis de la casa de mi Padre casa de mercado. Entonces se acordaron sus discípulos que está escrito: El celo de tu casa me consume» (Juan 2.13-17).

22. El Mesías sería precedido por un mensajero.

Profecía: «Voz que clama en el desierto: Preparad camino a Jehová; enderezad calzada en la soledad a nuestro Dios» (Isaías 40.3).

Cumplimiento: «En aquellos días vino Juan el Bautista predicando en el desierto de Judea, y diciendo: Arrepentíos, porque el reino de los cielos se ha acercado. Pues éste es aquel de quien habló el profeta Isaías, cuando dijo: Voz del que clama en el desierto: Preparad el camino del Señor, enderezad sus sendas» (Mateo 3.1-3).

23. El Mesías ministraría en Galilea.

Profecía: «Mas no habrá siempre oscuridad para la que ahora está en angustia, tal como la aflicción que le vino en el tiempo que livianamente tocaron la primera vez a la tierra de Zabulón y a la tierra de Neftalí; pues al fin llenará de gloria el camino del mar, de aquél lado del Jordán, en Galilea de los gentiles» (Isaías 9.1).

Cumplimiento: «Cuando Jesús oyó que Juan estaba preso, volvió a Galilea; y dejando a Nazaret, vino y habitó en Capernaum, ciudad marítima, en la región de Zabulón y de Neftalí, para que se cumpliese lo dicho por el profeta Isaías, cuando dijo: Tierra de Zabulón, y tierra de Neftalí, camino del mar, al otro lado del Jordán, Galilea de los gentiles; el pueblo asentado en tinieblas vio gran luz; y a los asentados en región de sombra de muerte, luz les resplandeció. Desde entonces comenzó Jesús a predicar, y a decir: Arrepentíos, porque el reino de los cielos se ha acercado» (Mateo 4.12-17).

La profecía de Isaías fue «cumplida cuando Jesús ministró en Capernaum, cerca de la principal vía que une a Egipto con Damasco, llamada «el camino al mar».

24. El ministerio del Mesías incluiría milagros.

Profecía: «Entonces los ojos de los ciegos serán abiertos, y los oídos de los sordos se abrirán. Entonces el cojo saltará como un ciervo, y cantará la lengua del mudo; porque aguas serán cavadas en el desierto, y torrentes en la soledad» (Isaías 35.5-6).

Cumplimiento: «Recorría Jesús todas las ciudades y aldeas, enseñando en las sinagogas de ellos, y predicando el evangelio del reino, y sanando toda enfermedad y toda dolencia en el pueblo» (Mateo 9.35).

25. El Mesías enseñaría con parábolas.

Profecía: «Abriré [el profeta está hablando por el Mesías] mi boca en proverbios; hablaré cosas escondidas desde tiempos antiguos» (Salmo 78.2).

Cumplimiento: «Todo esto habló Jesús por parábolas a la gente, y sin parábolas no les hablaba; para que se cumpliese lo dicho por el profeta, cuando dijo: Abriré en parábolas mi boca; Declararé cosas escondidas desde la fundación del mundo» (Mateo 13.34-35).

«Y sus discípulos le preguntaron, diciendo: ¿Qué significa esta parábola? Y el dijo: A vosotros os es dado conocer los misterios del reino de Dios; pero a los otros por parábolas, para que viendo no vean y oyendo no entiendan» (Lucas 8.9-10).

26. El Mesías entraría en el templo.

Profecía: «Y vendrá súbitamente a su templo el Señor a quien vosotros buscáis» (Malaquías 3.1).

Cumplimiento: «Cuando Jesús salió del templo y se iba, se acercaron sus discípulos para mostrarle los edificios del templo. Respondiendo él, les dijo. ¿Véis todo esto? De cierto os digo, que no quedará piedra sobre piedra, que no sea derribada» (Mateo 24.1-2).

Todos los judíos de la época de Jesús entraban en los patios exteriores del templo, pero esta profecía claramente decía que el Mesías vendría estando el templo presente. El Templo de Jerusalén fue destruido en el año 70 d.C., por lo tanto, ningún otro Mesías ha podido cumplir esta profecía desde entonces.

27. El Mesías entraría a Jerusalén montado sobre un asno.

Profecía: «Alégrate mucho, hija de Sion; da voces de júbilo, hija de Jerusalén; he aquí tu rey vendrá a ti, justo y salvador, humilde, y cabalgando sobre un asno, sobre un pollino hijo de asna» (Zacarías 9.9).

Cumplimiento: «Cuando se acercaron a Jerusalén, y vinieron a Betfagé, al monte de los olivos, Jesús envió dos discípulos, diciéndoles: Id a la aldea que está en frente de vosotros, y luego hallaréis una asna atada, y un pollino con ella; desatadla, y traédmelos. Y si alguien os dijere algo, decid: El Señor los necesita; y luego los enviará. Todo esto aconteció para que se cumpliese lo dicho por el profeta, cuando dijo: Decid a la hija de Sion: He aquí, tu Rey viene a ti, manso, y sentado sobre una asna, sobre un pollino, hijo de animal de carga. Y los discípulos fueron, e hicieron como Jesús les mandó; y trajeron el asna y el pollino, y pusieron sobre ellos sus mantos; y Él se sentó encima» (Mateo 21.1-7).

28. El Mesías sería «piedra de tropiezo» para los judíos.

Profecía: «La piedra que desecharon los edificadores ha venido a ser cabeza del ángulo» (Salmo 118.22).

Cumplimiento: «Por lo cual también contiene la Escritura: He aquí, pongo en Sion la principal piedra del ángulo, escogida, preciosa; y el que creyere en Él [Jesús] no será avergonzado. Para vosotros, pues, los que creéis, Él es precioso; pero para los que no creen, la piedra que los edificadores desecharon ha venido a ser la cabeza del ángulo; y piedra de tropiezo, y roca que hace caer» (1 Pedro 2.6-8).

29. El Mesías sería luz a los gentiles.

Profecía: «Yo Jehová te he llamado en justicia, y te sostendré por la mano; te guardaré y te pondré por pacto al pueblo, por luz de las naciones, para que abras los ojos de los ciegos, para que saques de la cárcel a los presos, y de casas de prisión a los que moran en tinieblas» (Isaías 42.6-7).

Cumplimiento: «El pueblo asentado en tinieblas vio gran luz; y a los asentados en región de sombra de muerte, luz les resplandeció» (Mateo 4.16).

«Luz [Jesús, el Mesías] para revelación a los gentiles, y gloria de tu pueblo Israel» (Lucas 2.32).

Las siguientes profecías del Antiguo Testamento (numeradas del 30 al 58), fueron dichas por diferentes personas en un período de más de quinientos años; no obstante, todas ellas fueron cumplidas en Jesucristo en sólo veinticuatro horas.

30. El Mesías sería traicionado por un amigo.

Profecía: «Aun el hombre de mi paz, en quien yo confiaba, el que de mi pan comía, alzó contra mí el calcañar» (Salmo 41.9).

Cumplimiento: «No hablo [Jesús] de todos vosotros; yo sé a a quiénes he elegido; mas para que se cumpla la Escritura: El que come pan conmigo, levantó contra mi su calcañar. Desde ahora os lo digo antes que suceda, para que cuando suceda, creáis que yo soy[...] De cierto, de cierto os digo, que uno de vosotros me va a entregar» (Juan 13.18-19,21).

«Y Judas Iscariote, el que también le entregó» (Mateo 10.4).

Judas Iscariote, uno de los discípulos de confianza, comió la Pascua con Jesús la misma noche que lo traicionó.

31. El Mesías sería traicionado por treinta piezas de plata.

Profecía: «Y les dije: Si os parece bien, dadme mi salario; y si no, dejadlo. Y pesaron por mi salario treinta piezas de plata» (Zacarías 11.12).

Cumplimiento: «Entonces uno de los doce, que se llamaba Judas Iscariote, fue a los principales sacerdotes, y les dijo: ¿Qué me queréis dar, y yo os lo entregaré [a Jesús]? Y ellos le asignaron treinta piezas de plata. Y desde entonces buscaba oportunidad para entregarle» (Mateo 26.14-16).

La noche de la cena de la pascua, Judas Iscariote, uno de los doce discípulos de Jesús, fue a los principales sacerdotes y les ofreció entregarles a Jesús. Como pago a sus servicios recibió treinta piezas de plata.

32. El «dinero de sangre» del Mesías se arrojaría en la casa de Dios.

Profecía: «Y me dijo Jehová: Échalo al tesoro[...] Y tomé las treinta piezas de plata, y las eché en la casa de Jehová al tesoro» (Zacarías 11.13).

Cumplimiento: «Y arrojando [Judas] las piezas de plata en el templo, salió» (Mateo 27.5).

Después de haber traicionado a Jesús, agobiado por el remordimiento, arrojó las monedas en el templo, y al salir, se ahorcó.

33. El precio de la traición del Mesías se utilizaría para comprar el campo del alfarero.

Profecía: «Y tomé las treinta piezas de plata, y las eché en la casa de Jehová al tesoro» (Zacarías 11.13).

Cumplimiento: «Y después de consultar [los ancianos y los sumos sacerdotes], compraron con ellas [las monedas que arrojó Judas en el templo] el campo del alfarero, para sepultura de los extranjeros» (Mateo 27.7).

Los sacerdotes del templo, después de escuchar sobre la muerte de Judas, decidieron usar el dinero para comprar un terreno para enterrar a los extranjeros, llamado «campo del alfarero».

34. El Mesías sería abandonado por sus seguidores.

Profecía: «Hiere al pastor, y serán dispersadas las ovejas» (Zacarías 13.7).

Cumplimiento: «Entonces Jesús les dijo: Todos os escandalizaréis de mí esta noche; porque escrito está: Hiere al pastor, y las ovejas serán dispersadas[...] Entonces todos los discípulos, dejándole, huyeron» (Marcos 14.27,50).

Los doce discípulos, que habían seguido a Jesús fielmente por tres años, huyeron en medio de la noche.

35. El Mesías sería acusado por testigos falsos.

Profecía: «Se levantan testigos malvados; de lo que no sé me preguntan» (Salmo 35.11).

Cumplimiento: «Y los principales sacerdotes y los ancianos y todo el concilio, buscaban falso testimonio contra Jesús, para entregarle a la muerte, y no lo hallaron, aunque muchos testigos falsos se presentaban» (Mateo 26.59-60).

Los principales sacerdotes, tratando de encontrar alguna falta en Jesús, sobornaron a algunos testigos para que lo acusaran de cosas que le eran ajenas, cosas que «no sabía». Aunque, por supuesto, Él sabía todas las cosas que harían y que dirían.

36. **El Mesías estaría en silencio delante de sus acusadores.**

Profecía: «Angustiado, Él, y afligido, no abrió su boca» (Isaías 53.7).

Cumplimiento: «Y siendo acusado por los principales sacerdotes y por los ancianos, nada respondió» (Mateo 27.12).

Durante todo el proceso de mentiras y falsas acusaciones, Jesús callaba.

37. **El Mesías sería herido y azotado.**

Profecía: «Mas él herido fue por nuestras rebeliones, molido por nuestros pecados; el castigo de nuestra paz fue sobre Él, y por su llaga fuimos nosotros curados» (Isaías 53.5).

Cumplimiento: «Entonces les soltó a Barrabás; y habiendo azotado a Jesús, le entregó para ser crucificado» (Mateo 27.26).

38. **El Mesías sería golpeado y escupido.**

Profecía: «Di mi cuerpo a los heridores, y mis mejillas a los que me mesaban la barba; no escondí mi rostro de injurias y de esputos» (Isaías 50.6).

Cumplimiento: «Entonces le escupieron en el rostro, y le dieron de puñetazos, y otros le abofeteaban» (Mateo 26.67).

39. **Se burlarían del Mesías.**

Profecía: «Todos los que me ven me escarnecen; estiran la boca, menean la cabeza diciendo. Se encomendó a Jehová; líbrele Él; sálvele, puesto que en Él se complacía» (Salmo 22.7-8).

Cumplimiento: «Entonces crucificaron con él a dos ladrones, uno a la derecha, y otro a la izquierda. Y los que pasaban le injuriaban, meneando la cabeza, y diciendo. Tú que derribas el templo, y en tres días lo reedificas; sálvate a ti mismo; si eres Hijo de Dios, desciende de la cruz. De esta manera también los principales sacerdotes, escarneciéndole con los escribas y los fariseos y los ancianos, decían: A otros salvó, a sí mismo no se puede salvar; si es el Rey de Israel, descienda ahora de la cruz, y creeremos en Él. Confió en Dios; líbrele ahora si le quiere; porque ha dicho: Soy Hijo de Dios. Lo mismo le injuriaban también los ladrones que estaban crucificados con Él» (Mateo 28.38-44).

40. **El Mesías se debilitaría; sería objeto de oprobio.**
Profecía: «Mis rodillas están debilitadas a causa del ayuno, y mi carne desfallece por falta de gordura. Yo he sido para ellos objeto de oprobio; me miraban, y burlándose meneaban su cabeza» (Salmo 109. 24-25).
Cumplimiento: «Y los que pasaban le injuriaban, meneando la cabeza y diciendo: ¡Bah! Tú que derribas el templo de Dios, y en tres días lo reedificas, sálvate a ti mismo y desciende de la cruz» (Marcos 15.29-30).
Después de un tiempo sin comida, un interrogatorio hiriente e intenso, Jesús sale llevando su cruz ante una multitud que le injuriaba y se mofaba.

41. **Las manos y pies del Mesías serían horadados.**
Profecía: «Horadaron mis manos y mis pies» (Salmo 22.16).
Cumplimiento: «Y cuando llegaron al lugar llamado de la Calavera, le crucificaron allí» (Lucas 23.33).
Es interesante observar que esta predicción de manos y pies horadados fue hecha mucho antes de que la crucifixión se inventara como forma de pena capital. El salmista escribió esta profecía aproximadamente mil años de que la crucifixión fuese común entre los romanos; los judíos nunca practicaban la crucifixión.

42. **El Mesías moriría junto a malhechores.**

Profecía: «Por cuanto derramó su vida hasta la muerte, y fue contado con los pecadores» (Isaías 53.12).

Cumplimiento: «Entonces crucificaron con Él a dos ladrones, uno a la derecha, y otro a la izquierda» (Mateo 27.38).

43. **El Mesías intercedería por sus perseguidores.**

Profecía: «Habiendo Él llevado el pecado de muchos, y orado por los transgresores» (Isaías 53.12).

Cumplimiento: «Padre, perdónalos [a los que le estaban crucificando], porque no saben lo que hacen» (Lucas 23.34).

44. **El Mesías sería rechazado por su propio pueblo.**

Profecía: «Despreciado y desechado entre los hombres, varón de dolores, experimentado en quebranto; y como que escondimos de Él el rostro, fue menospreciado, y no lo estimamos» (Isaías 53.3).

Cumplimiento: «Entonces Pilato, convocando a los principales sacerdotes, a los gobernantes, y al pueblo, les dijo: Me habéis presentado a éste como un hombre que perturba al pueblo; pero habiéndole interrogado yo delante de vosotros, no he hallado en este hombre delito alguno de aquello que le acusáis. Y ni aun Herodes, porque os remití a él; y he aquí, nada digno de muerte ha hecho este hombre. Le soltaré, pués, después de castigarle. Y tenía necesidad de soltarles uno en cada fiesta. Mas toda la multitud dio voces a una, diciendo: ¡Fuera con éste, y suéltanos a Barrabás![...] ¡Crucifícale [a Jesús], crucifícale! Él les dijo por tercera vez: ¿Pues qué mal ha hecho éste? Ningún delito digno de muerte he hallado en Él; le castigaré, pues, y le soltaré. Mas ellos instaban a grandes voces, pidiendo que fuese crucificado. Y las voces de ellos y de los principales sacerdotes prevalecieron. Entonces Pilato sentenció que se hiciese lo que ellos pedían; y les soltó a aquel que había echado en la cárcel por sedición y homicidio, a quien habían pedido; y entregó a Jesús a la voluntad de ellos» (Lucas 23.13-18,21-25).

45. El Mesías sería odiado sin motivo alguno.

Profecía: «Se han aumentado más que los cabellos de mi cabeza los que me aborrecen sin causa» (Salmo 69.4).

Cumplimiento: «Pero esto es para que se cumpla la palabra que está escrita en su ley: Sin causa me aborrecieron» (Juan 15.25).

A pesar de que Jesús no había cometido ningún delito, la multitud pidió su muerte, y fue despreciado.

46. Los amigos del Mesías estarían observando de lejos.

Profecía: «Mis amigos y mis compañeros se mantienen lejos de mi plaga, y mis cercanos se han alejado» (Salmo 38.11).

Cumplimiento: «Pero todos sus conocidos, y las mujeres que le habían seguido desde Galilea, estaban lejos mirando estas cosas» (Lucas 23.49)

47. La gente menearía la cabeza ante Jesús.

Profecía: «Yo he sido para ellos objeto de oprobio; me miraban, y burlándose meneaban su cabeza» (Salmo 109.25).

Cumplimiento: «Y los que pasaban le injuriaban, meneando la cabeza» (Mateo 27.39).

48. La gente miraría a Jesús.

Profecía: «Ellos me miran y me observan» (Salmo 22.17).

Cumplimiento: «Y el pueblo estaba mirando» (Lucas 23.35).

49. **Los vestidos del Mesías serían repartidos y echarían suertes sobre ellos.**

Profecía: «Repartieron entre sí mis vestidos, y sobre mi ropa echaron suertes» (Salmo 22.18).

Cumplimiento: «Cuando los soldados hubieron crucificado a Jesús, tomaron sus vestidos, e hicieron cuatro partes, una para cada soldado. Tomaron también su túnica, la cual era sin costura, de un solo tejido de arriba abajo. Entonces dijeron entre sí: No la partamos, sino echemos suerte sobre ella, a ver de quién será. Esto fue para que se cumpliese la Escritura, que dice: Repartieron entre sí mis vestidos, y sobre mi ropa echaron suertes» (Juan 19. 23-24).

¿Qué hicieron, repartir los vestidos o echar suertes? Esto parece casi contradictorio hasta que uno comprende lo que sucedió al pie de la cruz. Ellos desgarraron el vestido exterior, pero vacilaron cuando recogieron la túnica. Era una hermosa obra de arte, de una sola pieza, así que decidieron rifarla.

50. **El Mesías tendría sed.**

Profecía: «Y en mi sed me dieron a beber vinagre» (Salmo 69.21).

Cumplimiento: «Después de esto, Jesús[...] dijo: tengo sed» (Juan 19.28).

51. **Le darían al Mesías hiel y vinagre.**

Profecía: «Me pusieron además hiel por comida, y en mi sed me dieron a beber vinagre» (Salmo 69.21).

Cumplimiento: «Le dieron a beber vinagre mezclado con hiel; pero después de haberlo probado, no quiso beberlo» (Mateo 27.34).

La hiel es una hierba amarga y venenosa. Le ofrecieron a Jesús una bebida de hiel y vinagre que aturdía, pero no la tomó.

52. **El Mesías daría un grito de angustia por su abandono.**

Profecía: «Dios mío, Dios mío, ¿Por qué me has desamparado?» (Salmo 22.1)

Cumplimiento: «Cerca de la hora novena, Jesús clamó a gran voz, diciendo: Elí, Elí, ¿lama sabactani? Esto es: Dios mío, Dios mío, ¿por qué me has desamparado?» (Mateo 27.46).

53. **El Mesías se encomendaría a Dios.**

Profecía: «En tu mano encomiendo mi espíritu» (Salmo 31.5).

Cumplimiento: «Entonces Jesús, clamando a gran voz, dijo: Padre, en tus manos encomiendo mi espíritu» (Lucas 23.46).

54. **Ninguno de los huesos del Mesías sería quebrantado.**

Profecía: «El guarda todos sus huesos; ni uno de ellos será quebrantado» (Salmo 34.20).

«Y todos mis huesos se descoyuntaron» (Salmo 22.14).

Cumplimiento: «Mas cuando llegaron a Jesús, como le vieron ya muerto, no le quebraron las piernas» (Juan 19.33).

Mientras se cuelga en una cruz de las manos y de los pies, es muy probable que todos los huesos de un hombre se descoyunten. Los romanos aceleraban la muerte de los condenados quebrándoles las piernas, pero cuando se acercaron a Jesús, se dieron cuenta que ya estaba muerto.

55. **El corazón del Mesías literalmente se quebraría.**

Profecía: «Mi corazón fue como cera, derritiéndose en medio de mis entrañas» (Salmo 22.14).

Cumplimiento: «Pero uno de los soldados le abrió el costado con una lanza, y al instante salió sangre y agua» (Juan 19.34).

La sangre y agua que emanó de su costado es evidencia, según creen algunos, de que el corazón de Jesús había estallado. La aparición de agua y sangre sugiere que ya estaba muerto suficiente tiempo como para que la sangre se separara en sus componentes.

56. El costado del Mesías sería traspasado.

Profecía: «Y mirarán a mí, a quien traspasaron» (Zacarías 12.10).

Cumplimiento: «Pero uno de los soldados le abrió el costado con una lanza» (Juan 19.34).

57. Una densa oscuridad cubriría la tierra desde el mediodía hasta las tres de la tarde

Profecía: «Acontecerá aquel día, dice Jehová el Señor, que haré que se ponga el sol a mediodía, y cubriré de tinieblas la tierra en el día claro» (Amós 8.9).

Cumplimiento: «Y desde la hora sexta [mediodía] hubo tinieblas sobre toda la tierra hasta la hora novena[tres de la tarde» (Mateo 27.45).

58. El Mesías sería sepultado en la tumba de un rico.

Profecía: «Y se dispuso con los impíos su sepultura, mas con los ricos fue en su muerte» (Isaías 53.9).

Cumplimiento: «Vino un hombre rico de Arimatea, llamado José[...] y pidió el cuerpo de Jesús[...] y tomando José el cuerpo, lo envolvió en una sábana limpia, y lo puso en su sepulcro nuevo» (Mateo 27.57-60).

Al cumplir estas últimas tres profecías, Jesús muestra el poder sobrenatural del Mesías.

59. El Mesías se levantaría de entre los muertos.

Profecía: «Porque no dejarás mi alma en el Seol, ni permitirás que tu santo vea corrupción» (Salmo 16.10).

Cumplimiento: «Buscáis a Jesús Nazareno, el que fue crucificado; ha resucitado» (Marcos 16.6).

60. **El Mesías ascendería al cielo.**

Profecía: «Subiste a lo alto» (Salmo 68.18).

Cumplimiento: «Viéndolo ellos, fue alzado, y le recibió una nube que le ocultó de sus ojos» (Hechos 1.9).

61. **El Mesías se sentaría a la diestra de Dios.**

Profecía: «Jehová dijo a mi Señor: Siéntate a mi diestra, hasta que ponga a tus enemigos por estrado de tus pies» (Salmo 110.1).

Cumplimiento: «Habiendo efectuado la purificación de nuestros pecados[...] se sentó a la diestra de la Majestad en las alturas» (Hebreos 1.3).

Jesucristo no hubiera podido cumplir las profecías arriba mencionadas si no hubiese sido Dios. ¿Cómo un simple hombre iba a poder controlar el tiempo y lugar de su nacimiento? ¿Por qué un falso Mesías iba a querer emular la muerte y sepultura de Cristo?

Algunos escépticos dicen que es pura coincidencia el cumplimiento de estas profecías. Es posible que encuentre algunos casos en que algunas de estas se cumplieron en las vidas de algunos hombres. ¡Pero Jesucristo es la única persona en toda la historia humana que pudo haber cumplido todas estas ochenta y ocho! Y apenas son un puñado de las predicciones mesiánicas que se encuentran en las Escrituras.

He presentado este segmento sobre profecías mesiánicas para ilustrar un punto clave: así como cada una de las profecías respecto a la primera venida de Jesús se ha cumplido literalmente, toda profecía que se relaciona con su Segunda Venida y los acontecimientos de los últimos tiempos, también se cumplirá... exactamente como Dios ha predicho. Hemos visto cómo Jesús cumplió las Escrituras en cuanto a su padecimiento como siervo en la primera venida. ¡Prepárese para lo que la Biblia predice en torno a su Segunda Venida y la conclusión de la última generación!

CAPÍTULO CINCO

¿Somos la última generación?

Hace aproximadamente dos años, la portada de la revista *Time* decía: «¡Pensando lo inconcebible!» El reportaje decía que la humanidad está al borde del desastre en un mundo hastiado de armas nucleares. El profesor de la Universidad de Harvard, Bernard Lown, se lamentaba de que el género humano, de seguir como va, está destinado a sucumbir ante un Armagedón. En diciembre de 1995, quienes dan mantenimiento al famoso Reloj del Día Final (Doomsday Clock), adelantaron las manecillas tres minutos cerca de la medianoche. Leonard Rieser, miembro del Directorio de Científicos Atómicos, reajustó el reloj faltando catorce minutos para la medianoche o «día final».

Al anunciar el cambio, Rieser y sus colegas dijeron a la prensa que la amenaza de un desastre nuclear no terminó con el fin de la Guerra Fría.[1]

Cuando las Escrituras dicen que el cielo y la tierra pasarán, puede estar seguro que este mundo definitivamente terminará. Nacerá el último bebé, habrá un último matrimonio, un último beso, una última canción, un último ¡hurra! Este mundo no tendrá eterna continuidad. La Segunda Ley de la Termodinámica, llamada en una ocasión Ley de Entropía, declara que todos los sistemas organizados tienden a desmoronarse después de cierto tiempo. Como todas las cosas, la tierra y el resto de este universo físico se desgastarán.

Diez señales que anuncian el fin de esta generación

¿Cuándo terminará el mundo? ¿Y cómo? Las Escrituras no callan; Dios nos dice cuándo, cómo y dónde el mundo que conocemos terminará: en Armagedón.

Armagedón es la palabra hebrea que significa «monte de Meguido». El monte de Meguido se encuentra al este del monte Carmelo al norte de Palestina. He estado en este monte y desde su punto más alto pude ver una gran llanura que se extendía desde el mar Mediterráneo hacia el este, frente a la porción norte de Palestina.

Napoleón miró la expansión de Armagedón y la describió como el campo de batalla más natural de toda la faz de la tierra, ya que los ejércitos podrían maniobrar fácilmente en sus inhabitadas llanuras.

La Biblia nos dice que en esas llanuras la sangre humana subiría hasta los frenos de los caballos, en una extensión de trescientos veintidós kilómetros. Allí, el falso hombre de paz, el anticristo, juntará todos sus ejércitos para hacerle la guerra al Hijo de Dios y lograr la supremacía.

Más adelante analizaremos cuál, cuándo y por qué de la batalla del Armagedón. Ante todo, quiero mostrarle diez señales que indican que estamos a punto de ver este acontecimiento.

1. La explosión de conocimiento

La primera señal que nos conduce al Armagedón la encontramos en Daniel 12.4: «Pero tú, Daniel, cierra las palabras y sella el libro hasta el tiempo del fin. Muchos correrán de aquí para allá, y la ciencia se aumentará». La traducción literal de este versículo consiste en que durante los últimos tiempos, o la última generación, ocurrirá una explosión de conocimiento.

Tal explosión ocurrió en el siglo pasado. Desde el huerto del Edén hasta el año 1900 d.C., los hombres andaban a pie o montaban a caballo, del mismo modo que lo hicieron el rey David o Julio César. Al cabo de unos pocos años, sin embargo, el hombre inventó el automóvil, el avión a reacción y el trasbordador espacial. Hoy en día puede volar de New York a París en tres horas. Piense por un momento en todo el conocimiento aplicado en el desarrollo de estas maravillosas obras de la tecnología moderna.

Nuestra tecnología ha aumentado exponencialmente. La tecnología, aunque al fin y al cabo no produjo en sí avance en el conocimiento del individuo promedio, ha logrado que un ilimitado caudal de conocimiento e información esté a nuestra disposición con solo apretar un botón. Puede recibir facsímiles en su auto, tomar mensajes del contestador de llamadas y explorar enciclopedias de vasta información, tan pequeñas, que caben en la palma de la mano. Ahora puede sentarse en el ambiente acogedor de su casa y extraer toda la información que desee a través de la red internacional de información (*Internet*).

En estas últimas dos generaciones hemos puesto al hombre en la luna y se ha redefinido el concepto de la vida y la muerte. La ciencia médica tiene la capacidad de mantener a un cadáver respirando por meses con aparatos especiales de «vida artificial» que hoy existen.

Diminutos bebés que pesan menos de una libra pueden ahora sobrevivir y a los fetos se les puede intervenir quirúrgicamente.

Todo este conocimiento debiera ser positivo; sin embargo, nos encaminamos hacia el Armagedón. Nuestro conocimiento no ha sido utópico; más bien ha creado una generación de gente bien informada que sabe más de las estrellas del rock que de historia. Nuestra sociedad «ilustrada» busca libertad y la autoexpresión, pero en realidad está esclavizada por las drogas, la perversión y el ocultismo, en todas sus dimensiones. Apoyamos que se mate al inocente y se dé clemencia al culpable. Pregonamos los beneficios del humanismo secular, el culto al intelecto del hombre, no obstante, nuestro brillante e irreligioso gobierno yace impotente ante la propagación del crimen. ¿Por qué? Porque el conocimiento sin Dios solo produce bárbaros intelectuales y pecadores más inteligentes. Los nazis de Hitler echaron al horno a niños judíos vivos. Muchos de esos hombres eran profesionales, algunos tenían doctorados, pero su educación la alcanzaron sin conocer a Dios.

Somos la última generación, «siempre aprendiendo y sin poder llegar al conocimiento de la verdad» (2 Timoteo 3.7), porque buscamos la verdad fuera de Dios. Por más que se afane, nunca alcanzará la verdad por sus medios. Por más filósofo que sea, tampoco llegará a ella. Por más pensamientos positivos que tenga, no la alcanzará. La única manera de encontrar la eterna y absoluta verdad es si empieza a explorar la Palabra de Dios.

Si rechaza la verdad, lo único que le queda es aceptar la mentira. Estados Unidos ha rechazado la verdad de la Palabra de Dios. Hemos rechazado al mismo Dios, y todo lo que nos queda es la mentira del humanista secular. Pero Jesús dijo: «Y conoceréis la verdad, y la verdad os hará libres» (Juan 8.32).

---

2. Plaga en el Medio Oriente

La generación de mi padre nunca logró comprender varios pasajes proféticos de las Escrituras. Una de dichas profecías era Zacarías 14.12-15:

Y esta será la plaga con que herirá Jehová a todos los pueblos que pelearon contra Jerusalén: la carne de ellos se corromperá estando ellos sobre sus pies, y se consumirán en la cuenca de sus ojos, y la lengua se les deshará en su boca. Y acontecerá en aquel día que habrá entre ellos gran pánico enviado por Jehová; y trabará cada uno de la mano de su compañero, y levantará su mano contra la mano de su compañero. Y Judá también peleará en Jerusalén. Y serán reunidas las riquezas de todas las naciones de alrededor: oro y plata, y ropas de vestir, en gran abundancia. Así también será la plaga de los caballos, de los mulos, de los camellos, de los asnos, y de todas las bestias que estuvieren en aquellos campamentos.

Zacarías tuvo una visión y no sabía cómo describir lo que vio, de manera que llamó a esta horrible escena «una plaga». La plaga que podría consumir la carne de una persona mientras estuviese aún de pie era un misterio para la generación de mi padre, al igual que lo fue para Zacarías. Pero ahora conocemos el virus del ebola y otras enfermedades mortales de rápida propagación. El autor Richard Preston describe a una víctima del ebola en su libro *The Hot Zone* [La zona caliente], éxito de librería:

> Cuando abrieron el cadáver para hacerle la autopsia, descubrieron que los riñones estaban deshechos y que el hígado había dejado de funcionar varios días antes de morir el paciente. Estaba amarillento y algunos segmentos del mismo se había licuado, parecía el hígado de un cadáver de tres días. Era como si [la víctima] se hubiese vuelto cadáver en vida. El desprendimiento de los intestinos es otro efecto que por lo general se ve en un cadáver de varios días[...] Todo estaba completamente anormal dentro de este hombre, absolutamente todo; cualquiera de estas anomalías pudo haberle causado la muerte: la coagulación, las hemorragias masivas, el hígado hecho flan, los intestinos llenos de sangre.[2]

El Sr. Preston declara que una epidemia de ebola podría surgir y darle la vuelta al mundo en aproximadamente seis semanas, con la misma rapidez que se propaga la gripe, matando a una enorme cantidad de personas.[3] Desde luego, el ebola no mata a una persona al instante como lo hace la plaga descrita en la Biblia, pero en la terrible epidemia de influenza del 1918, la gente se moría a las pocas horas de manifestarse los síntomas. La plaga que habla Zacarías podría ser otro tipo de virus, nunca antes conocido. A pesar de que nuestro nivel de conocimiento ha aumentado considerablemente, no estamos preparados para enfrentar el ebola u otras legiones de «nuevos» virus mutantes que podrían atacar rápida y severamente. Si nuevos brotes de estos virus se introdujeran mediante armas químicas o biológicas, podríamos ver a la perfección una plaga del mismo tipo que describe Zacarías.

La plaga que describe Zacarías podría ser también producto de una radiación masiva. Un documental sobre Hiroshima mostraba algunas escenas del bombardeo que puso fin a la Segunda Guerra Mundial. Mientras miraba el programa, vi que la carne de las víctimas literalmente se esfumaba de los huesos antes que lo cadáveres cayeran al suelo. De repente concluí que Zacarías pudo haber estado describiendo una guerra nuclear.

Piense en esto: cada arma militar inventada, se ha utilizado. Después que bombardeamos a Japón y terminó la Segunda Guerra Mundial, nos dimos cuenta del inmenso poder de la bomba atómica. Esta bomba puede producir una temperatura de ciento cincuenta millones de grados Fahrenheit en una millonésima de segundo. En tales condiciones, la lengua y los ojos de un hombre pueden consumirse antes que el cadáver caiga a tierra.

Pero hemos avanzado mucho desde la invención de la bomba atómica. Una explosión nuclear de un megatón, un petardo comparado con la bomba H (bomba de hidrógeno), produce un estruendo impresionante (como el descrito en 2 Pedro 3.10) y al instante pulveriza todo lo que está a un radio de 3,5 km. Todo lo que está a 13 km de la explosión, se enciende al instante. La tierra se vuelve literalmente un infierno devastador. La radiación se extiende por los 56 km siguientes y la tierra queda inservible por cien años.

Saddam Hussein, otro enemigo de Israel, actualmente trata con desesperación de construir una bomba nuclear porque quiere ser otro Nabucodonosor. Recientemente, un legislador estadounidense se sentó en mi oficina y dijo que muchas de las armas nucleares producidas por la antigua Unión Soviética han desaparecido, suponemos que se han vendido a los enemigos de Israel. Y no olvidemos las armas químicas.

> De acuerdo a un estudio sobre armas químicas realizado por el doctor Danny Shoham del Centro Begin-Sadat de Estudios Estratégicos de la Universidad Bar-Ilan, Siria es actualmente la potencia militar más poderosa de todo el mundo árabe en cuanto a armas químicas se refiere. Los sirios han producido miles de bombas químicas, incluyendo una gran cantidad de equipos bélicos tales como aviones de combate y mísiles Scud-B (de 100 a 200). Recientemente los sirios comenzaron a producir los mísiles de largo alcance Scud-C y posiblemente los mísiles M9 en cooperación con Irán, Corea del Norte y China. Con estos mísiles de largo alcance, los sirios podrán literalmente atacar cada localidad de Israel desde cualquier lugar de Siria.[4]

Y ni aun los mísiles Patriot que se usaron el la Guerra del Golfo, darían suficiente protección a Israel. «Por cierto que en cuanto a Israel, la tecnología estadounidense fue un gran fracaso durante la Guerra del Golfo: los mísiles Patriot no pudieron interceptar ni un solo Scud iraquí y la tecnología estadounidense no logró destruir, mucho menos encontrar la ubicación de los mísiles Scud».[5]

El futuro ataque militar a Israel será rápido y feroz. «El que esté en la azotea, no descienda para tomar algo de su casa», advierte la Biblia, «y el que esté en el campo, no vuelva atrás para tomar su capa» (Mateo 24.17,18). ¿Por qué? *No habrá tiempo*.

Israel, desde luego, sabe que tiene enemigos. Si Hussein osara atacar, Israel hoy en día tiene la capacidad nuclear de convertir las arenas de Bagdad en un mar de cristal fundido. Si le interesa leer más al respecto, le recomiendo *The Samson Option* [La opción Sansón], escrito por Seymour M. Hirsh

(Random House), que describe en detalles la capacidad nuclear israelí.

En cierta ocasión, el *Sunday Times* de Londres publicó un relato del Sr. Mordecai Vanunu. Vanunu informó que Israel tenía doscientas bombas nucleares además de la bomba de neutrones y de hidrógeno. Después de dicha declaración, el Mossad puso de inmediato bajo arresto a Vanunu, sentenciándolo a dieciocho años de prisión por infligir la seguridad. El arresto confirmó que decía la verdad. Si hubiese mentido, el Mossad nunca se habría tomado la molestia por él.[6]

Por otro lado, los estadounidenses a menudo pensamos que estamos en cierto modo protegidos de un ataque nuclear. Es una falsa idea. Durante la Guerra del Golfo Pérsico, el general Schwartzkoff le pidió autorización al presidente Bush para detonar un dispositivo electromagnético en las altas capas de la atmósfera. Tal dispositivo habría cortado al instante toda comunicación entre Saddam Hussein y sus tropas. Bush no lo autorizó y dicho dispositivo aún no se ha probado en el campo de batalla.[7]

Tal dispositivo, llamado «manta eléctrica» por los estrategas militares, podríamos asociarlo con una de las películas de James Bond, pero en realidad alguien podría usarlo contra Estados Unidos.

Un satélite portador de una ojiva nuclear cruzando sobre el país a una altura de 450 km (279 millas), estallaría enviando una pulsación electrónica de energía descomunal, inocua a los humanos, pero fatal para nuestros delicados equipos electrónicos diseñados para operar con pequeñas cantidades de energía. En una billonésima de segundo, se cortarían todas las comunicaciones. Las trasmisiones de autos y camiones se destrozarían al calcinarse todo su sistema eléctrico; las estaciones de radio y televisión saldrían del aire; los aviones se estrellarían, los sistemas de mísiles fallarían, el presidente y comandante en jefe no podría comunicarse con sus fuerzas militares. Todo lo que depende de electricidad dejaría de funcionar. Los estrategas militares predicen que de producirse una guerra nuclear, el enemigo eliminaría todo tipo de trasmisión eléctrica de esta manera. Hay tres conceptos vitales para el éxito militar de cualquier sistema, todos empiezan con «C»: comando, control y comunicación. La «manta eléctrica» arrasaría con cualquier enemigo al neutralizar los tres.

Como si todo esto fuera poco, no faltaría que algún terrorista abandonara su oficio de agricultor por un arma nuclear contrabandeada de los fragmentos del Imperio Soviético y volara toda una ciudad solo para hacer notar su ideología política.

Las bombas nucleares y armamentos tipo «Guerra de las Galaxias» son otras señales irrefutables de que somos la última generación.

---

3. El renacimiento de Israel

Recuerdo muy bien un día cuando tenía ocho años de edad (15 de mayo de 1948). Estaba sentado a la mesa de la cocina con mi padre, hombre tranquilo de mente brillante. A papá le gustaban los libros y era un estudioso de las profecías, pero casi nunca le iba bien en el trato con la gente. No hablaba mucho, pero cuando lo hacía, valía la pena escucharlo.

Papá y yo estábamos tranquilamente escuchando la radio. Luego el locutor anunció lo siguiente: «Las Naciones Unidas acaba de anunciar que han reconocido formalmente el estado de Israel».

Mi padre puso el libro que leía en la mesa y por largo rato no dijo nada. Sabía por la mirada de sus ojos que algo lo había conmovido profundamente. Luego me miró y dijo: «Acabamos de escuchar el mensaje profético más importante que jamás se ha dado y se dará hasta que Jesucristo vuelva a la tierra».

He olvidado muchos episodios desde que era joven, pero nunca he podido olvidar aquella noche y las palabras de mi padre. Tenía razón: La profecía bíblica dice que Israel debe experimentar un renacimiento antes de la venida de su Mesías.

La Biblia también profetiza que una nación nacería en un día:

> ¿Quién oyó cosa semejante? ¿quién vio tal cosa? ¿Concebirá la tierra en un día? ¿Nacerá una nación de una vez? Pues en cuanto a Sion estuvo de parto, dio a luz a sus hijos. Yo que hago dar a luz, ¿no haré nacer? dijo Jehová. Yo que hago engendrar, ¿impediré el nacimiento? dice tu Dios. Alegraos con Jerusalén, y gozaos con ella, todos los que la amáis; llenaos con ella de gozo, todos los que os enlutáis por ella (Isaías 66.8-10).

Los discípulos vinieron a Jesús y le preguntaron sobre las señales de los últimos tiempos. «Dinos», dijeron, «¿cuándo serán estas cosas, y qué señal habrá de tu venida, y del fin del siglo?» (Mateo 24.3).

Jesús les respondió y dijo: «De la higuera aprended la parábola: Cuando ya su rama está tierna, y brotan las hojas, sabéis que el tiempo está cerca. Así también vosotros, cuando veáis estas cosas, conoced que está cerca, a las puertas. De cierto os digo, que no pasará esta generación hasta que todo esto acontezca» (Mateo 24.32-34).

En la profecía bíblica, por lo general se representa a Israel con una higuera. Jesús dice: «Cuando ya su rama está tierna, y brotan las hojas». El significado es muy claro: cuando Israel sea un árbol tierno y empiece a echar hojas, debe ser *evidente a todos* que el fin del siglo está cerca.

Jesús dijo: «No pasará esta generación hasta que todo esto acontezca». La generación que ve el renacimiento de Israel es la última.

4. El regreso de los judíos a su tierra

Desde el año 70 d.C., cuando los romanos atacaron a Jerusalén, destruyeron el templo y pusieron en movimiento una serie de hechos que dieron lugar a la diáspora, el pueblo judío se ha esparcido por toda la cuenca del Mediterráneo y desde allí por todo el mundo. No controlaron su destino, ni habitaron su patria hasta el 15 de mayo de 1948.

Jeremías dijo que los judíos debían volver a su tierra antes que llegara el Mesías: «Por tanto, he aquí que vienen días, dice Jehová, en que no dirán más: Vive Jehová que hizo subir a los hijos de Israel de la tierra de Egipto, sino: Vive Jehová que hizo subir y trajo la descendencia de la casa de Israel de tierra del norte, y de todas las tierras adonde yo los había echado; y habitarán en su tierra» (Jeremías 23.7,8).

Los judíos de la tierra del norte (Rusia) han vuelto a Israel por millares, al igual que judíos de todas partes del planeta. Los hemos visto por CNN descender de los aviones en Tel Aviv. Lo hemos leído en cualquier medio impreso. Ya viven en su tierra, tal y como Jeremías profetizara. El regreso a su tierra es otra señal de la última generación.

5. Jerusalén fuera del control gentil

La profecía bíblica dice que en la última generación los gentiles no dominarían a Jerusalén, situación con la que luchan desde el año 70 d.C., hasta la Guerra de los Seis Días en 1967. Jesucristo dijo que Jerusalén sería «hollada por los gentiles hasta que los tiempos de los gentiles se cumplan» (Lucas 21.24). EL salmista David predijo que el Señor reconstruiría a Sion y aparecería en su gloria allí (véase Salmo 102.16).

Por eso David escribió: «Pedid por la paz en Jerusalén» (Salmo 122.6).

6. *Comunicación internacional instantánea*

Y daré a mis testigos que profeticen por mil doscientos sesenta días, vestidos de cilicio[...] Cuando hayan acabado su testimonio, la bestia que sube del abismo hará guerra contra ellos, y los vencerá y los matará. Y sus cadáveres estarán en la plaza de la grande ciudad que en sentido espiritual se llama Sodoma y Egipto, donde también nuestro Señor fue crucificado. Y los de los pueblos, tribus, lenguas y naciones verán sus cadáveres por tres días y medio, y no permitirán que sean sepultados. Y los moradores de la tierra se regocijarán sobre ellos y se alegrarán, y se enviarán regalos unos a otros; porque estos dos profetas habían atormentado a los moradores de la tierra (Apocalipsis 11.3, 7-10).

Los dos testigos, que muchos creen que son Enoc y Elías, aparecerán en la tierra durante la tribulación. Llevan puesta la ropa de luto tradicional y su misión será llamar a los hombres al arrepentimiento. La profecía dice que todo el mundo, al mismo tiempo, podrá ver los dos testigos en las calles de Jerusalén. La generación de mi padre no lo podía comprender. ¿Cómo podría todo el mundo ver dos hombres muertos en las calles de Jerusalén, al mismo tiempo? Era un misterio.

Luego se inventó la televisión, seguida por satélites internacionales, la red internacional de información (*Internet*) y la comunicación inalámbrica. En esta generación podemos ver cualquier noticia importante que ocurre en cualquier lugar del mundo en un instante. Virtualmente todo el mundo tiene acceso a la misma información cuando sucede un acontecimiento. Los líderes del mundo se comunican entre sí mediante CNN, confiando que a través de una antena convencional, un cable o una antena parabólica, la otra persona estará observando en algún lugar remoto.

¡Esto no era posible en 1900!

¡No era posible en 1960!

Es posible hoy… porque esta podría ser la última generación. Toda la población que viva durante la tribulación verá cuando asesinen a los dos testigos en las calles de Jerusalén, verá al anticristo y verá el regreso del Mesías.

---

7. Días de engaño

En Mateo 24, Jesús dijo: «Mirad que nadie os engañe» (v. 4). La profecía dice que el engaño será epidémico en la tierra en la última generación: «Y cada uno engaña a su compañero, y ninguno habla verdad; acostumbraron a su lengua hablar mentira, se ocupan de actuar perversamente» (Jeremías 9.5).

El engaño será el eje central de la última generación, y aunque este siempre ha estado con nosotros, el anticristo que vendrá y su «mano derecha», que el apóstol Juan llamó el «falso profeta», dará a la práctica del engaño una dimensión artística. Incluso el calificativo del anticristo de «hombre de paz» es una mentira.

Sin embargo, el mundo se preparará para recibirlo, ávido de creer lo que sea. ¿Y por qué no estarlo?

Por generaciones hemos permitido que la mentira domine nuestra voluntad. El humanismo secular es un engaño, ya que sostiene que el hombre puede llegar a ser igual que Dios. La ética situacional, filosofía que enseña que no existe el bien ni el mal absolutos, ha producido una generación agobiada por el SIDA y llena de culpa en cuanto al aborto.

Las teorías y conceptos filosóficos de la Nueva Era no son más que un engaño. Son la misma mentira que Satanás le dijo a Eva: «Y seréis como Dios». Los religiosos ambientalistas, que enseñan que la tierra no es más que los pechos de «la diosa madre», propagan el embuste. Algunos de los jóvenes más valiosos de Estados Unidos van a los bosques, se desgarran la ropa, abrazan un árbol y ladran a la luna, tratando de descubrir quiénes son. Es otro engaño, porque no se puede hallar al Creador si se adora la creación.

El satanismo y las doctrinas ocultistas son un engaño. La iglesia apóstata, que tiene apariencia de piedad pero niega el poder de Dios, esparce puro engaño porque ha cambiado la verdad de Dios por la mentira. (Véanse 2 Timoteo 3.5; Romanos 1.25.) Tales iglesias deliberadamente pasan por alto la inminente venida de Cristo, cuando dicen: «¿Dónde está la promesa de su advenimiento? Porque desde el día en que los padres durmieron, todas las cosas permanecen así como desde el principio de la creación» (2 Pedro 3.4).

¡No puede encontrar la verdad en los libros de mayor venta del mundo! Lo que Dios quiere que usted sepa se encuentra en su Libro, no en la *Profecía de Celestina*. Huya de los que dicen mentiras y préstele atención a la verdad de Dios, antes que su cerebro se embote como los de los otros protagonistas de la última generación y no pueda discernir entre lo verdadero y lo falso.

---

8. Hambres y pestes

Estados Unidos tiene la capacidad para alimentar a todo el mundo, no obstante, le pagamos a los agricultores para que no siembren ciertas cosechas a fin de no saturar el mercado, evitando así que los precios bajen. Y cada noche vemos en la televisión a niños hambrientos con pronunciadas barrigas, ojos desorbitados y visibles costillas. Vemos muchos niños hambrientos aun en Estados Unidos. La Biblia predijo que pasaríamos hambre. Jesús dijo que en los postreros tiempos «habrá hambres, pestes y terremotos en diferentes lugares. Y todo esto será principio de dolores» (Mateo 24.7,8).

Otra versión bíblica dice que estas señales son «el comienzo de los dolores de parto» (NVI).

Hambre, pestes y terremotos son los dolores que se experimentarán al nacer la última generación. Cuando una mujer comienza a tener los dolores más agudos, sabe que el fin de su embarazo se acerca. El acontecimiento por el que ha estado orando y esperando, por fin se ha hecho realidad.

El pueblo judío conoce muy bien estos dolores de parto. La escatología hebrea, llamada *Acharit ha-yamin*, describe la era premesiánica como de grandes guerras y dificultades conocida como «Los dolores de parto del Mesías», y también de exilio y sufrimiento del pueblo judío.

El *Talmud* describe esta era como «las pisadas del Mesías», tiempo cuando la arrogancia aumentará. El gobierno se volverá herético y no habrá quién critique su maldad. Los jóvenes se avergonzarán de sus antepasados, los enemigos de una persona serán los de su propia familia. [8]

La peste, enfermedad incurable, es otra señal que hemos palpado en esta última generación. Hace muchos años predicaba sobre la pestilencia y un hombre me dijo después: «Pastor Hagee, quiero hacerle una observación. Usted dijo que la peste es una enfermedad incurable, pero la ciencia médica tiene la capacidad de controlar cada enfermedad conocida por el hombre».

Le contesté que la Biblia dijo que las cosas cambiarían. Según Joshua Lederberg, ganador del premio Nobel y egresado de la Universidad Rockefeller, muchos expertos estaban totalmente confiados en el 1960 que la ciencia médica había resuelto para siempre el problema de las enfermedades contagiosas. Pero hoy, dicen los expertos médicos, las enfermedades se propagan y la especie humana está ahora lista para defenderse de lo que en realidad es «un cerco interminable de pestilencia». [9]

Hace algunos años descubrimos el SIDA, el virus del ebola y bacterias resistentes a los antibióticos. Ninguna de esas enfermedades se curarán con facilidad. Solamente el SIDA se ha convertido en un callejón sin salida para la ciencia médica y ha afectado de una manera u otra la vida de cada estadounidense; cada persona que lo contrae, virtualmente muere, no obstante haber transcurrido más de una década de investigaciones.

Según el más reciente estudio de mortalidad realizado por los Centros Estadounidenses para la Prevención y Control de las Enfermedades —*U.S. Centers for Disease Control and Prevention*—, el SIDA se ha convertido ahora en la causa principal de muerte entre las personas de veinticinco a cuarenta y cuatro años de edad, quedando en octavo lugar como el causante de muerte a nivel nacional en 1992. Los científicos calculan que un millón de estadounidenses, uno de cada doscientos cincuenta, están infectados con el HIV.[10]

Creo que el poder de Dios puede sanar una víctima del SIDA, siendo en realidad la única esperanza que le queda. La solución no radica en usar condones, tener «sexo seguro» e incluso realizar investigaciones para su cura, ¡la solución se halla en obedecer las leyes morales de Dios!

El SIDA, el ebola y otros virus mortales son solo algunos de los fuertes sonidos de trompeta que emanan del trono de Dios para el sordo espiritual...¡*Usted es de la última generación!*

---

9. Terremotos

Los terremotos son otra señal de los últimos tiempos. Los historiadores del siglo XV registraron 115 temblores en varios lugares. En el siglo XVI la cifra se elevó a 250. En el siglo XVII se registraron 378 temblores, 640 en el XVIII y 2,119 en el XIX.[11] Es probable que haya alguien que trate de encontrar una explicación al respecto diciendo que no ocurren más terremotos ahora que en el pasado, y que solo ha mejorado nuestra capacidad de detectarlos. Pero el número de temblores registrados ha aumentado de 2,588 en 1983 a 4,084 en 1992.[12]

Ahora estamos a finales del siglo XX y aguardando la llegada de «el grande» que de seguro afectará todo el sur de

California. California la cruza la Falla de San Andrés, mientras los geólogos sondean los pechos de la madre tierra en busca de indicios que vaticinen la llegada de «el grande» a California.

La Biblia narra al menos treinta y tres situaciones en las cuales Dios usa terremotos para comunicarse con el que espiritualmente tiene dificultades de oír. La tierra tembló en el monte Sinaí cuando Moisés recibió los Diez Mandamientos (véase Éxodo 19.18); Dios usó un terremoto en Jerusalén durante la crucifixión para rasgar el velo del templo de arriba abajo (véase Mateo 27.51). Usó un terremoto en la resurrección para remover la piedra de la tumba prestada, no para dejar salir a Jesús, sino para dejar entrar a otros (véase Mateo 28.2). Usó un terremoto para sacar de la cárcel de Filipos a Pablo y a Silas (véase Hechos 16.26). También anunciará la llegada del Mesías de Israel con un terremoto: «Dijo: Jehová rugirá desde Sion, y dará su voz desde Jerusalén, y los campos de los pastores se enlutarán, y se secará la cumbre del Carmelo» (Amós 1.2). A la llegada del Mesías, la Cúpula de la Roca en Jerusalén (si todavía está en pie) se desplomará y el Monte de los Olivos se partirá en dos. Los frecuentes temblores de tierra son la voz de Dios hablando a través de la naturaleza, recordándonos que somos la última generación.

---

10. Como en los días de Noé...

> Pero del día y la hora nadie sabe, ni aun los ángeles de los cielos, sino sólo mi padre. Mas como en los días de Noé, así será la venida del Hijo del Hombre. Porque como en los días antes del diluvio estaban comiendo y bebiendo, casándose y dando en casamiento, hasta el día en que Noé entró en el arca, y no entendieron hasta que vino el diluvio y se los llevó a todos, así será también la venida del Hijo del Hombre (Mateo 24.36-39).

¿Qué características mostraban «los días de Noé»? Génesis nos dice que la maldad del hombre en la tierra era muy grande y que «todo designio de los pensamientos del corazón de ellos era de continuo solamente el mal» (Génesis 6.5).

Si abre el periódico por la mañana a la hora del desayuno, quizás pierda el apetito. Asesinatos, violaciones, secuestros, asaltos, abusos infantiles, abusos de cónyuges, abusos de padres, son los titulares comunes aun en los periódicos de ciudades pequeñas. Los hombres piensan de continuo el mal. Y de la misma manera que las aguas del diluvio les tomó por sorpresa, el fin del mundo alcanzará a estos engañados durmientes. El Mesías vendrá, se quebrará el hilo de la historia y los que no estén preparados pasarán por la gran tribulación.

CAPÍTULO SEIS

¿Qué es el Rapto y cuándo sucederá?

«Sabiendo primero esto, que en los postreros días vendrán burladores, andando según sus propias concupiscencias» (2 Pedro 3.3). El hecho de que escuchemos voces que niegan que ha de producirse un Rapto literal es, de por sí, otra señal de que somos la última generación.

Escuchemos la opinión de los escritores bíblicos en cuanto a este increíble acontecimiento que muy pronto veremos: 1 Tesalonicenses 4.16-18 dice: «Porque el Señor mismo con voz de mando, con voz de arcángel, y con trompeta de Dios, descenderá del cielo; y los muertos en Cristo [cristianos que han muerto] resucitarán primero. Luego nosotros los que vivimos, los que hayamos quedado, seremos arrebatados juntamente con ellos en las nubes para recibir al Señor en el aire, y así estaremos siempre con el Señor. Por tanto, alentaos los unos a los otros con estas palabras».

Mateo 24.30 dice: «Entonces aparecerá la señal del Hijo del Hombre en el cielo; y entonces lamentarán todas las tribus de la tierra, y verán al Hijo del Hombre viniendo sobre las nubes del cielo, con poder y gran gloria».

En Hechos 1.11, después que Jesús ascendió al cielo, un ángel apareció y habló a los atónitos discípulos: «Varones galileos. ¿Por qué estáis mirando al cielo? Este mismo Jesús, que ha sido tomado de vosotros al cielo, así vendrá como le habéis visto ir al cielo».

«Porque como el relámpago que sale del oriente y se muestra hasta el occidente; así será también la venida del Hijo del Hombre» (Mateo 24.27).

Si unimos todos estos versículos, obtendremos el siguiente cuadro: Jesucristo, el Príncipe de Gloria, aparecerá repentinamente en los cielos de forma tan refulgente que no pasará inadvertido.

Mientras cursaba mis estudios de grado en la North Texas State University [Universidad Estatal del Norte de Texas], estaba en la biblioteca haciendo una investigación para mi examen final cuando me llamó la atención un libro que hablaba de patrones del tiempo. Tomé el libro del estante, lo desempolvé y comencé a leer. Mi vista se detuvo en un segmento que hablaba sobre las tormentas, específicamente en una frase cuya elocuencia prácticamente se desprendía de la página: «Cuando el relámpago brilla de oriente a occidente, puede estar seguro que la tormenta ha pasado».

Cuando Jesucristo, la Luz del Mundo, aparezca en los cielos como relámpago centelleante de oriente a occidente, las tormentas de la vida concluirán para el creyente.

Un misterio

En 1 Corintios 15.51-52, Pablo escribe: «He aquí, os digo un misterio: No todos dormiremos; pero todos seremos transformados, en un momento, en un abrir y cerrar de ojos, a la final trompeta; porque se tocará la trompeta, y los muertos serán resucitados incorruptibles, y nosotros seremos transformados».

Pablo trató este asunto porque los miembros de la iglesia neotestamentaria empezaban a morir, y creían firmemente que Jesucristo volvería a la tierra antes que cualquiera de ellos muriera. Por tal motivo Pablo les habla de un «misterio», terminología usada en las Escrituras para denotar algo que Dios no había previamente decidido revelar a los hombres. Querían saber qué sucedería después de la muerte. ¿Entrarían a formar parte del venidero reino eterno los que muriesen?

Pablo contestó sus preguntas al explicarles el misterio de las cosas venideras. Los creyentes que habían muerto no dejarían de ver la venida del Salvador, les dijo Pablo, sino que saldrían de las tumbas con un cuerpo nuevo, sobrenatural e inmortal. Quienes aún no habían pasado por la muerte física serían arrebatados en las nubes para recibir a Jesucristo. Esta masiva reunión de creyentes comúnmente se conoce como el Rapto.

Desde luego, si usted preguntara a miembros ordinarios de las iglesias de Estados Unidos acerca del Rapto, gran parte de ellos le mirarían con expresión de asombro. Muchos nunca han escuchado esta palabra desde el púlpito, y no tienen ni la más remota idea de lo que significa.

Muchas iglesias evangélicas han predicado la doctrina del Rapto por años, pero hoy día aun ellas son hostigadas por enseñar que se producirá una recogida de creyentes. Muchos teólogos liberales incluso gritan a coro: «¡Nunca habrá un Rapto!»

Pero, ¿qué dice la Palabra de Dios?

¿Cuándo y cómo vendrá Jesús por los creyentes?

Jesús dijo: «Pero del día y la hora nadie sabe, ni aun los ángeles del cielo, ni el Hijo, sino el Padre» (Marcos 13.32). A pesar de que hay miles de personas que quieren predecir el año, mes y día exactos del regreso de Cristo, Jesús dijo que nadie lo sabe. Pero Dios el Padre sabe cuándo ha de enviar a Jesús a buscar a su Novia, y cuando dé la orden, Jesús saldrá de la diestra del Padre y descenderá en las nubes para arrebatar a su Iglesia.

Inmediatamente después que Jesús aparezca en los cielos, la trompeta de Dios sonará, anunciando la llegada de la realeza, ya que Él es el Príncipe de Paz, el Señor de la Gloria, el Rey de reyes y Señor de señores. La voz del arcángel llamará a los muertos de las tumbas, y en toda la faz de la tierra los sepulcros de todos quienes hayan confiado en Cristo como su Mesías estallarán al salir disparados hacia el cielo todos sus ocupantes para recibir a la Luz del Mundo. Los mausoleos de mármol se desplomarán cuando salgan los cuerpos de los santos resucitados a recibir al Señor. Muchos autos quedarán vacíos en la carretera con los motores encendidos porque sus conductores y pasajeros habrán desaparecido extrañamente. Los platos de la cena en las casas de los creyentes se quedarán humeando, los alimentos quedarán cociéndose en las cocinas; nadie habrá quedado para degustar estas comidas terrenales, ya que todos los creyentes estarán ocupando sus puestos en la mesa celestial para la cena de las bodas del Cordero.

Al día siguiente, los titulares de los periódicos locales, nacionales e internacionales dirán: «MILLONES DESAPARECEN SIN EXPLICACIÓN». Los devotos de la Nueva Era explicarán este fenómeno diciendo que un vasto ejército de OVNIS secuestraron a millones de personas.

Las estaciones de televisión trasmitirán en vivo desde las vecindades y desde los cementerios, y las cámaras captarán las tumbas vacías, los mausoleos rotos, los hogares silenciosos y los autos accidentados. Entrevistarán a vecinos que se secan los ojos y exclaman: «Estaba aquí mismo hablando con el señor Pérez y de repente desapareció. Delante de mis ojos, créame. Estaba aquí, ¡y luego se evaporó! ¡Era como en *Viaje a las estrellas*, pero más rápido!»

El programa televisivo *Nightline* presentará un panel de educadores de renombre, filósofos y clérigos que intentarán explicar lo que ha sucedido. El sicólogo señalado declarará que el mundo está pasando por una histeria colectiva. El teólogo venerable parloteará sobre «ciertos individuos de derecha, pisoteadores de la Biblia, políticos controversiales y promotores de odio» que creían una teoría sin fundamentos e ilógica sobre algo llamado el Rapto.

Sin embargo, hay una persona que ofrecerá una explicación sobre el Rapto a quienes hayan sido dejados, su nombre será el anticristo.

Las líneas telefónicas en todo el mundo se congestionarán debido al gran número de familias tratando de comunicarse con sus seres queridos. Y las iglesias del mundo estarán abarrotadas de personas llorosas e histéricas que reconocen tardíamente la verdad y claman: «El Señor de la Gloria ha venido y hemos sido dejados; tendremos que pasar por la tribulación y enfrentar la llegada del anticristo».

¿Qué es el Rapto? Es el arrebatamiento de la iglesia tal y como se explica en la Palabra de Dios. ¡Qué manera de volar!

Señales de un inminente Rapto

Jesucristo, el Mesías de judíos y gentiles, vino por vez primera a la tierra hace cerca de dos mil años. Vendrá de nuevo a la tierra cuando descienda sobre el Monte de los Olivos en las afueras de Jerusalén; pero aparecerá brevemente a recoger su Iglesia antes de que se manifieste el anticristo, «el hombre de iniquidad».

Nadie os engañe en ninguna manera; porque no vendrá sin que antes venga la apostasía , y se manifieste el hombre de pecado, el hijo de perdición, el cual se opone y se levanta contra todo lo que se llama Dios o es objeto de culto; tanto que se sienta en el templo de Dios como Dios, haciéndose pasar por Dios.

¿No os acordáis que cuando yo estaba todavía con vosotros, os decía esto? Y ahora vosotros sabéis lo que lo detiene, a fin de que a su debido tiempo se manifieste.

Porque ya está en acción el misterio de la iniquidad; sólo que hay quien al presente lo detiene, hasta que Él a su vez sea quitado de en medio. Y entonces se manifestará aquel inicuo, a quien el Señor matará con el espíritu de su boca, y destruirá con el resplandor de su venida; inicuo cuyo advenimiento es por obra de Satanás, con gran poder y señales y prodigios mentirosos, y con todo engaño de iniquidad para los que se pierden, por cuanto no recibieron el amor de la verdad para ser salvos (2 Tesalonicenses 2.3-10).

Según Pablo, autor de las cartas a los creyentes en Tesalónica, el anticristo no puede manifestarse hasta que Aquel que restringe el poder del pecado y la iniquidad sea quitado de en medio nuestro. Aquel que restringe el pecado es el Espíritu Santo, el que mora dentro de cada miembro de la iglesia santificada, de quienes han confiado en Jesucristo como su Señor y Salvador, Aquel que hoy día continuamente convence al mundo de pecado, de justicia y de juicio (véase Juan 16.8-11).

¿Cómo será quitado de la tierra el Espíritu Santo? Ocurrirá cuando aquellos que hayan depositado su fe y confianza en Jesucristo sean arrebatados. Este glorioso acontecimiento, que ocurrirá «en un abrir y cerrar de ojos», podría suceder en cualquier momento. Nadie sabe el día ni la hora. De la misma manera que las personas actuaban cuando Noé construía el arca, los habitantes de toda la tierra estarán atendiendo sus asuntos habituales, comiendo y bebiendo, casándose y dándose en casamiento, comprando y vendiendo. Y de la misma manera que Dios apartó a sus escogidos situando a Noé y a su familia dentro del arca, librará a su separada Iglesia de los siete años de tribulación que se avecinan.

La importancia de entender el Rapto

Es posible que algunos caigan en la tentación de preguntar: «Pastor Hagee, ¿qué importancia tiene? No voy a cambiar mi estilo de vida ya sea que haya Rapto o no».

Amigo, la realidad del Rapto y sus implicaciones no son enseñanzas que ofrecen opciones. La Biblia dice: «Velad, pues, en todo tiempo orando que seáis tenidos por dignos de escapar de todas estas cosas que vendrán, y de estar en pie delante del Hijo del Hombre» (Lucas 21.36), y «El fin de todas las cosas se acerca; sed, pues, sobrios y velad en oración» (1 Pedro 4.7).

También, en la parábola de las cinco vírgenes prudentes y las cinco fatuas, Jesús nos exhorta a estar preparados para la llegada del Novio (véase Mateo 25.1-13).

Si quiere irse con Él, necesita estar aguardando su venida.

Necesitamos velar, orar y estar listos para cuando Jesucristo venga a buscar a quienes creen en Él. No podemos acomodarnos demasiado a las cosas de este mundo porque, como dice la Escritura:

[Somos] linaje escogido, real sacerdocio, nación santa, pueblo adquirido por Dios, para que anunciéis las virtudes de aquel que os llamó de las tinieblas a su luz admirable; vosotros que en otro tiempo no erais pueblo, pero que ahora sois pueblo de Dios; que en otro tiempo no habías alcanzado misericordia, pero ahora habéis alcanzado misericordia. Amados yo os ruego *como a extranjeros y peregrinos, que os abstengáis de los deseos carnales que batallan contra el alma,* manteniendo buena vuestra manera de vivir entre los gentiles; para en lo que murmuran de vosotros como de malhechores, glorifiquen a Dios en el día de la visitación, al considerar vuestras buenas obras (1 Pedro 2.9-12, cursivas añadidas).

La recepción nupcial celestial

En «un abrir y cerrar de ojos» todos los creyentes en Jesús el Mesías de todas las épocas de historia eclesiástica estarán en el cielo. La esposa de Cristo, la Iglesia, estará presente; millares y millares de nosotros. Dios enjugará toda lágrima. Esa será nuestra reunión celestial, amado hermano cristiano. Tendremos cuerpos sobrenaturales e incorruptibles inmunes al sufrimiento, la enfermedad y el dolor. Estaré delante del trono de Dios con mi padre, mi madre, mis abuelos y cientos de santos amados que se fueron al cielo antes que yo. Todos los santos en Cristo tendrán coronas y blancas y resplandecientes vestiduras de justicia, puesto que somos la Novia, adornada para nuestra boda con Cristo, nuestro Novio celestial.

Por su gracia nosotros como Novia estaremos delante de nuestro Novio Jesús y le daremos nuestra dote, las cosas que hemos hecho en su nombre. Estas obras no compran nuestra entrada al cielo, sino que las ofrecemos en amor, como presentes de una Iglesia amante al tan esperado Salvador. Y a cambio de nuestras obras es probable que recibamos hasta seis coronas:

- La corona de quienes aman su venida (2 Timoteo 4.8): «Por lo demás, me está guardada la corona de justicia, la cual me dará el Señor, juez justo, en aquel día; y no sólo a mí, sino también a todos los que aman [ansiosamente anhelan] su venida».

- La corona por soportar las pruebas (Santiago 1.12): «Bienaventurado el varón que soporta la tentación; porque cuando haya resistido la prueba, recibirá la corona de vida, que Dios ha prometido a los que le aman».

- La corona para los que desean apacentar la grey (1 Pedro 5.2-4): «Apacentad la grey de Dios que está entre vosotros, cuidando de ella, no por fuerza, sino voluntariamente; no por ganancia deshonesta, sino con ánimo pronto;

no como teniendo señorío sobre los que están a vuestro cuidado, sino siendo ejemplos de la grey. Y cuando aparezca el Príncipe de los pastores, vosotros recibiréis la corona incorruptible de gloria».

- La corona para quienes son fieles hasta la muerte (Apocalipsis 2.10): «No temas en nada lo que vas a padecer. He aquí, el diablo echará a algunos de vosotros en la cárcel, para que seáis probados, y tendréis tribulación por diez días. Sé fiel hasta la muerte, y yo te daré la corona de la vida».

- La corona para los ganadores de almas (1 Tesalonicenses 2.19): «Porque ¿cuál es nuestra esperanza, o gozo, o corona de que me gloríe? ¿No lo sois vosotros, delante de nuestro Señor Jesucristo, en su venida?»

- La corona para quienes vencen la vieja naturaleza (1 Corintios 9.24,25): «¿No sabéis que los que corren en el estadio, todos a la verdad corren, pero uno solo se lleva el premio? Corred de tal manera que lo obtengáis. Todo aquel que lucha, de todo se abstiene; ellos, a la verdad, para recibir una corona corruptible, pero nosotros una incorruptible».

Una vez que hayamos recibido las coronas, nos sentaremos en el banquete nupcial preparado para la Novia de Cristo. La Iglesia, el grupo de creyentes, es la Novia sin mancha ni arruga, comprada con la sangre de Jesús, el Cordero de Dios que murió por nosotros y en nuestro lugar para pagar el precio de nuestra redención. Aquella cena será una celebración gloriosa, ya que la Novia ha vencido los poderes y principados de oscuridad. Nosotros, miembros de la Iglesia raptada, éramos la sal y la luz de la tierra, los de limpio corazón, los pacificadores, quienes sufrimos persecuciones a causa del nombre de Jesús.

Si escucha cuidadosamente, podrá oír la orquesta celestial que ya empieza a tocar la marcha nupcial.

No se deje engañar de un falso novio

¡Cuidado! Cualquiera puede pararse en la cima del Monte de los Olivos en Jerusalén y decir: «Soy Jesús». Cualquiera puede usar una túnica blanca. Cualquiera puede decir que es descendiente del rey David y ser coronado por sus seguidores como rey de la nueva Jerusalén en el pináculo del templo. Cualquiera podría colocarle quirúrgicamente cicatrices en las manos y los pies. Hoy en día hay encantadores y hechiceros en la tierra que pueden hacer caer fuego del cielo y obrar milagros. Puede encender su televisor y ver «curanderos» que hacen cirugías sin sangre con las uñas de los dedos. Recuerde esto: un hombre que tenga poderes sobrenaturales no necesariamente tiene que tener la aprobación de Dios. El diablo tiene también poderes sobrenaturales, al igual que sus demonios.

¿Cómo puede uno reconocer al verdadero Cristo? Jesús dijo: «Entonces, si alguno os dijere: Mirad, aquí está el Cristo, o mirad, allí está, no lo creáis» (Mateo 24.23). El mundo está lleno de falsos mesías y falsos Cristos, y durante la tribulación, Dios enviará un poderoso espíritu de engaño:

> Inicuo [el anticristo] cuyo advenimiento es por obra de Satanás, con gran poder y señales, y prodigios mentirosos, y con todo engaño de iniquidad para los que se pierden, por cuanto no recibieron el amor de la verdad para ser salvos. Por esto Dios les envía un poder engañoso, para que crean la mentira, a fin de que sean condenados todos los que no creyeron a la verdad, sino que se complacieron en la injusticia (2 Tesalonicenses 2.9-12).

En la década del ochenta la revista *USA Today* publicó un anuncio de página completa que decía: «Cristo está ahora en la tierra». El *New York Times* publicó otro similar titulado: «Cristo está ahora aquí». Esos tipos de anuncios eran comunes en esa época, y en una ocasión tuve la oportunidad de tirarlos después de desenmascararlos frente a la televisión nacional.

¡Cristo no está en la tierra corporalmente, porque cuando regrese, todo el mundo se dará cuenta!

En una ocasión uno de los miembros de nuestra iglesia me dijo: «Pastor Hagee, una señora me relató que estaba guiando en California y de repente Jesús se le apareció en el auto. ¿Qué opina usted?»

«Le diré lo que pienso», contesté, «no lo creo».

Jesús no está en California, ni en Nueva York, ni en Roma. Está sentado a la diestra de Dios Padre, donde permanecerá hasta que Gabriel toque la trompeta y los muertos en Cristo salgan de sus polvorientos sepulcros para ser, trasladados a mansiones en las alturas.

Permítame preguntarle otra vez: ¿Cómo podrá uno distinguir al verdadero Cristo de los falsos? Jesús profetizó que muchos suplantadores surgirían diciendo «yo soy Cristo». Por lo tanto, Dios instaló un mecanismo a prueba de fracasos tan majestuoso en poder sobrenatural y tan asombroso humanamente hablando que ni siquiera el mismo Satanás lo podría imitar. ¡Ese método antifracasos es el Rapto!

Satanás siempre ha intentado imitar todo lo que Dios hace. En el Antiguo Testamento, Janes y Jambres imitaron a Moisés (véanse 2 Timoteo 3.8 y Éxodo 7.10-12). Cuando Moisés tiró la vara y se volvió culebra, ellos tiraron las suyas y también se convirtieron en culebras. Pero cuando la culebra de Moisés devoró las de ellos, Jehová Dios estaba demostrando que no se dejará vencer de Satanás y sus imitaciones. No obstante, Satanás trata todavía de engañar. El anticristo procurará imitar y a la postre suplantar a Jesucristo. En Apocalipsis 6.2 vemos que el anticristo hace su aparición delante del escenario mundial montado en un caballo blanco:

> Y miré, y he aquí un caballo blanco; y el que lo montaba tenía un arco; y le fue dada una corona, y salió venciendo, y para vencer. [El anticristo hace esta clase de entrada gloriosa porque Jesucristo volverá por segunda vez a la tierra en un caballo blanco]. Entonces vi el cielo abierto; y he aquí un caballo blanco, y el que lo montaba se llamaba

Fiel y Verdadero, y con justicia juzga y pelea (Apocalipsis 19.11).

¿Cómo podrá uno darse cuenta cuando el verdadero Jesús vuelva a la tierra?

No pondrá un anuncio en el *New York Times*. No hablará por medio de un teólogo ni personalidad carismática que se pare en el Monte de los Olivos ni en el Hollywood Boulevard con un traje blanco diciendo que es rey del nuevo Israel. No se manifestará por medio de un hechicero que haga descender fuego del cielo.

Sabremos que Jesús ha reaparecido cuando nuestro cuerpo glorificado suba a los cielos y atraviese la Vía Láctea para llegar a la presencia de Dios. Sabré que estoy con el verdadero Jesús cuando me pare delante de su gloriosa presencia con mi nuevo cuerpo inmune a las enfermedades, inmortal e infatigable, que lucirá mejor, se sentirá mejor y será mejor que el de Arnold Schwartzenegger.

Lo que dicen los escépticos

Quienes atacan la doctrina del Rapto son generalmente los que enseñan que la Biblia no debe interpretarse literalmente. Algunos honran la Palabra de Dios en sus corazones, pero dicen que lo más importante es el significado espiritual de los pasajes bíblicos, lo cual a menudo opaca (y otras contradice) las palabras literales en sí. Pero si abandonan el significado llano del texto, ¿qué criterio tienen para evaluar su «significado espiritual»? De modo que enfrentan la posibilidad de darle una «interpretación privada» a la Escritura, práctica que explícitamente se prohíbe en la Biblia: «Tenemos también la palabra profética más segura, a la cual hacéis bien en estar atentos como a una antorcha que alumbra en lugar oscuro, hasta que el día esclarezca y el lucero de la mañana salga en vuestros corazones; entendiendo primero esto, que ninguna profecía de la Escritura es de interpretación privada, porque nunca la profecía fue traída por voluntad humana, sino que los santos hombres de Dios hablaron siendo inspirados por el Espíritu Santo» (2 Pedro 1.19-21).

Hay otros que incluso no le dan más valor a la Palabra de Dios que a *Cuentos de cama sobre activismo político*, y dicen que si acaso la Biblia tiene cierto significado, no pasa de ser simplemente alegórico. Pero si la Biblia no es más que una colección de fábulas y alegorías, es un mito no apto para el consumo humano, ni siquiera digno de que se tome en cuenta.

¿Por qué iba Dios a tomarse la molestia de darnos una colección de alegorías? Esto no amerita respuesta puesto que no nos dio un libro así. La Biblia que venero es un libro literal de tapa a tapa, escrito para que lo entendamos y lo pongamos en práctica, no para que lo descifremos y luego lo descartemos. Lo mismo sucede en el caso de Dios, que, como dijera en alguna ocasión Agustín, «hizo oradores de pescadores, no pescadores de oradores». Analice lo siguiente:

- Jesús nació literalmente de una virgen llamada María.
- Nació literalmente en Belén.
- Literalmente sanó los enfermos.
- Literalmente murió en la cruz.
- Literalmente fue enterrado en una tumba prestada.
- Literalmente se levantó de entre los muertos al tercer día.

Si todas esas cosas son literalmente ciertas, ¿por qué no va a regresar *literalmente* a la tierra con poder y gran gloria? ¿Por qué no va a ser literalmente cierta la Biblia cuando dice que «en el nombre de Jesús se doble toda rodilla y toda lengua confiese que Jesucristo es Señor, para gloria de Dios Padre?» (Filipenses 2.10,11).

¿Por qué no vamos a resucitar literalmente y recibir al Señor en el aire al igual que cada creyente que espera su gloriosa venida?

¿Por qué no vamos a caminar literalmente en calles de oro? ¿Por qué no vamos a recibir literalmente una corona de vida? ¿Por qué no vamos a vivir literalmente por los siglos de los siglos? ¿Por qué no va a descender una Nueva Jerusalén? ¿Por qué no vamos a gritar «¡gloria!» cuando entremos por sus puertas para buscarle?

Los críticos de la doctrina del Rapto dicen que la palabra *rapto* no aparece en la Biblia. Es absolutamente cierto. La Biblia tampoco contiene la palabra *Trinidad*, pero una vez tras otra se refiere a la «unicidad» de Dios y a la «trilogía» de Dios:

1 Corintios 8.6: «Sólo hay un Dios, el Padre, del cual proceden todas las cosas, y nosotros somos para Él».

Efesios 4.6: «Un Dios y Padre de todos, el cual es sobre todos, y por todos».

Mateo 28.19: «Por tanto, id, y haced discípulos a todas las naciones, bautizándolos en el nombre del Padre, y del Hijo, y del Espíritu Santo».

Juan 14.26: «Mas el Consolador, el Espíritu Santo, a quien el Padre enviará en mi nombre, Él os enseñará todas las cosas, y os recordará todo lo que yo os he dicho».

Juan 15.26: «Pero cuando venga el Consolador, a quien yo os enviaré del Padre, el Espíritu de verdad, el cual procede del Padre, Él dará testimonio acerca de mí».

2 Corintios 13.14: «La gracia del Señor Jesucristo, el amor de Dios, y la comunión del Espíritu Santo sean con todos vosotros».

1 Pedro 1.2: «Elegidos según la presciencia de Dios Padre en santificación del Espíritu, para obedecer y ser rociados con la sangre de Jesucristo: Gracia y paz os sean multiplicadas».

Aunque el término *Trinidad* no aparece en la Biblia, la verdad de la naturaleza trina de Dios sí.

Lo mismo sucede con el Rapto: el *término* en sí no está en la Biblia pero la *verdad* del mismo sí lo está.

Otros críticos del Rapto dicen: «La enseñanza del Rapto es puro escapismo. Ustedes están tratando de escapar de la realidad». En este instante vivo en un mundo real, y si quisiera escapar de él no habría mejor manera que seguir trabajando y esperando la venida de mi Señor. Pero me emociona el hecho de que Jesucristo es mi Señor y Salvador, el cielo es mi hogar y que no voy a estar en las llamas de un infierno eterno. Si eso es escapismo, que lo sea.

Seamos realistas, todo el mundo quiere escapar de algo. Los ambientalistas quieren escapar de la contaminación ambiental. Los adeptos al movimiento de paz quieren escapar de la guerra. La Biblia nos exhorta a que nos preparemos para el escape: «Velad, pues, en todo tiempo, orando que seáis tenidos por dignos de escapar de todas estas cosas que vendrán, y de estar en pie delante del Hijo del Hombre» (Lucas 21.36).

Dios apartará a su Iglesia para que escape de la tribulación

¿De qué nos permite escapar el Rapto? De la tribulación que se avecina. Hagamos un recorrido por las páginas de Apocalipsis capítulos seis, ocho, nueve y dieciséis, y permítame describirle brevemente el infierno ardiente al que escapará si forma parte del Rapto:

Estas son solo algunas de las cosas que sucederán durante la tribulación:

- Una cuarta parte de la humanidad morirá (véase Apocalipsis 6.8), algunos debido a la guerra, algunos por el hambre y otros devorados por las bestias salvajes de la tierra. Ya sea una muerte instantánea o de sufrimiento prolongado, el caso es que el 25 % de todos los humanos morirá. La población del mundo era de 5,733,687,096 en 1995; la cuarta parte de este número es 1,433,421,774, o sea, casi cinco veces y medio la población actual de los Estados Unidos, ¿puede imaginar tal desastre? Y recuerde que la población del mundo se duplica cada 39,5 años. De modo que el número de personas que morirá aumenta cada vez más.[1]

- Una tercera parte de la vegetación se quemará. Todo tipo de hierba, todo árbol, toda cosa verde será destruida. (Véase Apocalipsis 8.7.)

- El sol y la luna se oscurecerán al sublevarse la naturaleza (Apocalipsis 8.12).

- Las puertas del infierno se abrirán y hordas de langostas del tamaño de caballos saldrán de la tierra. A esas langostas se les permitirá picar como escorpiones a los hombres y el dolor durará cinco meses. La Biblia dice que los hombres pedirán a Dios que los mate, pero no morirán (Apocalipsis 9.3-6).

- Habrá hambre en todo el mundo, y en una magnitud que jamás había visto el hombre (Apocalipsis 18.8).

- Habrá una guerra mundial tan sangrienta que la sangre de los caídos en batalla fluirá a lo largo de trescientos kilómetros y subirá hasta los frenos de los caballos en el valle de Jezreel. Esta es la batalla del Armagedón. Durante la gran tribulación, una tercera parte de toda el género humano será aniquilado (Apocalipsis 14.20).

- Cada habitante de la tierra tendrá úlceras pestilentes en todo el cuerpo. ¿Ha tenido usted alguna vez una úlcera? Imagínese todo su cuerpo cubierto de ellas, sin poder caminar, acostarse ni sentarse sin dolor (Apocalipsis 16.2-11).

- Los siete mares de la tierra se convertirán en sangre. Cada río, cada arroyo se convertirá en sangre. El «agua» corriente en las casas será sangre fría y caliente. Esta plaga producirá una sed desesperante de la cual no habrá alivio (véase Apocalipsis 8.8; 11.6).

- El sol quemará con fuego a la tierra y a sus habitantes. Fuegos enormes e incontrolables se producirán en todo el mundo, espontáneamente, destruyendo casas, animales y vegetación (Apocalipsis 16.8).

- Todos los poderosos de la tierra, incluyendo reyes, se morderán las lenguas por el dolor y se esconderán en las cuevas y pedirán a Dios que los mate (Apocalipsis 6.15).
- La tierra temblará con tanta fuerza que las islas del mar desaparecerán. Puerto Rico y Hawaii se cubrirán de agua. Cada edificio, cada pared, se desmenuzarán. Millones quedarán sepultados bajo los escombros y nadie podrá ayudarles (Apocalipsis 16.18).

Ahora le pregunto: ¿Quiere escapar de la tribulación que se avecina? ¡Yo sí! Definitivamente voy a escapar. Cuando el arcángel toque la trompeta y los muertos en Cristo resuciten al acto, los que todavía vivamos cuando Jesús el Mesías regrese estaremos en el aire en un abrir y cerrar de ojos para dejar el infierno venidero en la tierra y vivir en un maravilloso, majestuoso cielo.

Conoceremos al verdadero Jesús. Él es el León de la tribu de Judá, el Señor de gloria, la luz del mundo, el Cordero de Dios y el amante de mi alma.

La aparición física y literal de Jesucristo sucederá pronto. Y en cuanto se haya ido la Iglesia, el anticristo, el hijo de Satanás, aparecerá en el escenario mundial.

CAPÍTULO SIETE

La llegada del anticristo

Jesús nos advirtió que la era del anticristo será la peor que ha conocido la humanidad. En el discurso que hiciera frente a los discípulos tocante a «la tribulación de aquellos días», tal y como lo plantea Mateo 24, Marcos 13, Lucas 21 y Juan 16, predijo un período de falsos mesías, rumores de guerra, dolor, traición, engaño, iniquidad, persecución y catástrofe. Los postreros días crearían condiciones tan terribles que «si aquellos días no fuesen acortados, nadie sería salvo» (Mateo 24. 22).

¿Quién es el anticristo, aquel falso hombre de paz?

El anticristo será un hombre que hará su primera entrada al escenario del mundo con carisma y encanto hipnotizantes. Tal vez venga de un país de la Unión Europea o algún país o confederación que formara parte del Imperio Romano, que se extendía de Irlanda a Egipto, incluyendo a Turquía, Irán e Irak. En la visión de Daniel, el «pequeño cuerno» brotó de los otros diez, que sabemos representan, en cierto modo, diez ramificaciones del antiguo Imperio Romano.

Cuando el anticristo suba al trono, echará primeramente su hipnótico hechizo a una de las diez naciones de la federación, luego a las demás. Conquistará tres de las diez naciones y luego

135

asumirá el pleno control en todas ellas en conjunto; luego echará su codiciosa mirada a la niña de los ojos de Dios, Israel.

El anticristo será un hombre de vasta experiencia política y militar, y muchos le seguirán con gusto. Regirá a toda la federación con autoridad absoluta e impondrá su voluntad. (Véase Daniel 11.36.)

También sabemos que el anticristo entrará al escenario mundial con la reputación de ser un gran hombre de paz. Quizá sea un ganador del Premio Nobel de la Paz. Vencerá y unirá tres reinos, ¿acaso serán Serbia, Bosnia y Croacia? Sin lugar a dudas sería un milagro contemporáneo. Quien traiga paz y unidad a las centenarias luchas de esa región, sin duda será el hombre de paz más singular de la era moderna. Daniel 8.25 dice que mediante la paz «destruirá a muchos». Garantizará la paz a Israel y al Medio Oriente y firmará un tratado de paz por siete años, pero violará dicho pacto en tan solo tres años y medio (véase Daniel 9.27). Su paz no es eterna ni verdadera.

Primera de Juan 2.18 abiertamente declara: «Hijitos míos, ya es el último tiempo; y según vosotros oísteis que el anticristo viene, así ahora han surgido muchos anticristos; por esto conocemos que es el último tiempo». El ANTICRISTO, en mayúscula, viene. Aunque muchas personas a través de las épocas han sido anticristos, vendrá un hombre que es el diablo encarnado, el hijo de Satanás, el mal personificado.

El plan tridimensional del anticristo para dominar al mundo consiste en un sistema económico mundial en el cual nadie puede comprar ni vender sin una marca aprobada por el gabinete del anticristo; un gobierno mundial, el cual se conoce en la actualidad como «El Nuevo Orden Mundial»; y una religión mundial que al final conducirá a la adoración del mismo anticristo.

La economía mundial

La economía del anticristo consistirá en una sociedad libre de dinero en efectivo, en la cual cada transacción financiera se controla electrónicamente.

Juan, autor del libro de Apocalipsis, describió la situación: «Y hacía que a todos, pequeños y grandes, ricos y pobres, libres y esclavos, se les pusiese una marca en la mano derecha, o en la frente; y que ninguno pudiese comprar ni vender, sino el que tuviese la marca o el nombre de la bestia, o el número de su nombre» (Apocalipsis 13.16,17).

La sociedad libre de efectivo se le puede presentar al mundo al parecer como una forma de controlar a los traficantes de drogas, evasores de impuestos, etc; y así sucederá. Se puede presentar como forma de evitar los robos y de proveer comodidad al consumidor, ya que puede ir de compras sin tener que llevar la cartera. Simplemente tiene que permitir que un dispositivo electrónico le examine la mano o la frente, el cual registrará la cantidad de dinero que tiene en el banco, hará la deducción de la compra y dará al cliente un balance actualizado.

Este escenario no suena tan improbable como en el pasado, ¿verdad? Mi banco hoy día ofrece una tarjeta de cobro automático; incluso hoy no necesito dinero para ir a la tienda de abarrotes. En la actualidad, todo se examina electrónicamente, desde tarjetas de bibliotecas a huellas digitales, y no se requiere de mucha imaginación para darnos cuenta cómo funcionará esta sociedad computarizada y exenta de papel moneda. Llegará un día cuando ni siquiera podrá comprar pastillas antiácidas sin la debida autorización, sin el escrutinio de una marca en la mano o en la frente.

La revolución informática ha hecho este logro fenomenal y lo ha puesto a nuestro alcance. Nos hemos acostumbrados a que el gobierno nos controle mediante números. Es común que a nuestros hijos se les asignen números de Seguro Social cuando cumplen los dos años de edad. ¿Por qué no simplificar las cosas y evitar los fraudes tatuando en la piel un número invisible de identificación, o implantando debajo de la piel de la mano o la frente un circuito integrado de computadoras?

Debido a que estoy en la televisión, la gente me trae todo tipo de cosas. Hace poco un científico trajo a mi oficina una caja que decía «Secreto de Estado». Dentro de la caja había una muestra de micropastillas de computadoras que podrían implantarse en la mano o en la frente de una persona con toda la información que el gobierno quisiera tener sobre un individuo.

Este tipo de implante de microficha se ha hecho por muchos años en los caballos de carrera y otros animales. ¿Por qué no hacerlo con los humanos?

Los políticos estadounidenses están ahora considerando implementar una tarjeta nacional de identidad, con el aparente fin de eliminar la inmigración ilegal. Nuestro gobierno está presionando fuertemente para que al fin se le dé el poder de controlar todas las transacciones monetarias. No somos los únicos. La Unión Europea también está analizando la posibilidad de un sistema monetario universal. La revista *Time* señala: «Al siguiente mes de la última crisis monetaria, los miembros del gabinete, legisladores y banqueros de ambos lados del Atlántico discuten intensamente una interminable lista de ideas» con el propósito de desarrollar «un sistema financiero mundial».

Las señales están por doquier. El *Bank America* ha anunciado el lema: «Todos le dan la bienvenida al dinero mundial». Un artículo publicado por la revista Selecciones titulado «Viene pronto: el dinero electrónico» decía que millones de estadounidenses ya están recibiendo sus sueldos y salarios electrónicamente mediante depósito directo bancario. Permitimos que se cargue de manera automática nuestras cuentas bancarias para pagar préstamos, pólizas de seguro y muchas otras cuentas.

Creo que el principal motivo que tendrá el anticristo en implantar a todos la «marca de la bestia» es controlar a cada

LA LLEGADA DEL ANTICRISTO

individuo y aplastar a todo el que ose adorar al Dios de Abraham, Isaac y Jacob. Si personalmente no se conforma con controlarlos o matarlos, al menos tendrá la satisfacción de saber que se morirán de hambre. Sin su marca nadie podrá comprar un pan o una gota de leche. No podrán comprar ni alquilar sus viviendas. Tampoco conseguirán trabajo.

El nuevo orden mundial

En toda la historia humana nunca ha existido un gobierno que haya dominado por completo el mundo, pero el falso hombre de paz «devorará toda la tierra» (Daniel 7.23). Gobernará con la anuencia de ellos de forma absoluta y con plena autoridad. (Véase Daniel 11.36.) Su personalidad se caracterizará por una inteligencia excepcional, poder de persuasión, marcada sutileza y gran astucia.

Su boca «habla grandes cosas» (Daniel 7.8), es «entendido en enigmas» (Daniel 8.23). Será la figura más distinguida, poderosa y popular del mundo.

El anticristo establecerá un gobierno global, un nuevo orden mundial. Y créame, ¡el concepto de nuevo orden mundial no es algo nuevo! Satanás ha estado tratando de instituir uno desde la época en que Nimrod propuso construir una inmensa torre en las llanuras de Sinar. El objetivo de lo que conocemos como La Torre de Babel era desafiar la autoridad de Dios en la tierra, echar a un lado a Dios e instituir un sistema de gobierno exclusivamente humano. Mientras que Dios ordenaba a los hombres: «Fructificad y multiplicaos, y llenad la tierra» (Génesis 9.1), el pueblo tenía una idea diferente:

> Tenía entonces toda la tierra una sola lengua y unas mismas palabras. Y aconteció que cuando salieron de oriente, hallaron una llanura en la tierra de Sinar, y se establecieron allí[...] Y dijeron: Vamos, edifiquémonos una ciudad y una torre, cuya cúspide llegue al cielo; y hagámonos un

nombre, por si fuéremos esparcidos por sobre la faz de toda la tierra (Génesis 11.1-2,4).

Dios soportó el descaro de los constructores por un breve momento, pero luego los esparció por toda la tierra.

Después de la Primera Guerra Mundial, «la guerra para terminar con todas las guerras», el presidente Woodrow Wilson creó la Liga de Naciones para promover la paz por medio de un gobierno mundial. Adolfo Hitler dijo a los alemanes que él traería «un nuevo orden» a Europa. Sin duda lo logró, arrastrando a Europa por las entrañas del mismo infierno y tiñendo las calles de rojo con ríos de sangre humana.

Los comunistas de la antigua Unión Soviética prometieron instituir un nuevo orden mundial y erigieron un imperio ateo que ahora se ha desplomado como un castillo de naipes.[1] ¡Ahora las Naciones Unidas quiere establecer un nuevo orden mundial!

¿Qué significa esto? Brock Chisolm, Director de la Organización Mundial de la Salud de las Naciones Unidas, dice: «Para lograr un gobierno mundial es necesario quitar de las mentes de los hombres su individualismo, lealtad a sus familias, patriotismo nacional y religión».

La destrucción del nacionalismo y patriotismo

Note que en esencia llamó al patriotismo nacional y a la religión enemigos del nuevo orden mundial. Históricamente, es interesante señalar que George Washington, padre de nuestra patria, asoció el patriotismo con la religión. Él dijo: «Es imposible gobernar con justicia al mundo sin Dios y la Biblia.

Korea. Oficialmente, esta guerra no era nuestra, sino de una «acción policial» de las Naciones Unidas. Nuestro objetivo no era lograr la victoria total; era expulsar a los norkoreanos al provocar a los chinos y soviéticos. El general Douglas MacArthur, que renunció a solicitud del presidente Harry Truman, dijo: «En la guerra, la victoria no tiene sustituto».[3] La historia ha comprobado que MacArthur tenía razón.

La Guerra de Vietnam se controló. No se nos permitió invadir a Hanoi. Por muchos años se nos prohibió atacar al enemigo en Laos. ¿Resultado? Estados Unidos quedó ante el mundo como un gran perdedor, incompetente e impotente.

Estuvimos en el Golfo como parte del contigente militar de las Naciones Unidas por nuestra obstinación; estamos en Bosnia como parte de la OTAN a solicitud de la ONU por nuestro empeño. Es por medio de cosas similares a estas que muchos se van acostumbrando a la idea de ser en primer lugar ciudadanos del mundo y en segundo lugar ciudadanos de Estados Unidos, si acaso.

En silencio, y con mucha sutileza, se prepara el terreno para el gobierno mundial del anticristo.

La destrucción de la fe evangélica

Debajo de la fachada del popular pacificador, el anticristo será el mal encarnado. Odiará todo lo que proviene de Dios y se deleitará en pervertir los planes de Dios. Divagará y se encolerizará contra Dios, en público y en privado; perseguirá a cristianos y judíos por igual. Abolirá todas las leyes anteriores, sobre todo las que se fundamentan en valores judeocristianos, e instituirá su propio sistema ilegal: «Y hablará palabras contra el Altísimo, y a los santos del Altísimo quebrantará, y pensará en cambiar los tiempos y la ley» (Daniel 7.25).

tianos, e instituirá su propio sistema ilegal: «Y hablará palabras contra el Altísimo, y a los santos del Altísimo quebrantará, y pensará en cambiar los tiempos y la ley» (Daniel 7.25).

Cada uno de los sistemas de nuevo orden mundial, incluyendo el del anticristo, han tenido una característica común: intentar excluir a Dios de los asuntos humanos. ¿Por qué?

Mientras creamos en la Palabra de Dios y seamos leales a su reino, representamos un gobierno dentro de otro gobierno. Somos peregrinos y forasteros que adoramos a otro Rey, que tenemos otra ciudadanía y, como tales, somos un estorbo para el Nuevo Orden Mundial. Cuando nuestro gobierno condona lo que Dios condena, quienes hemos confiado en Él nos convertimos en el enemigo.

De ahí que a todos los cristianos de Estados Unidos que creen en la Biblia se les cataloga de peligrosos, «intolerantes» y enemigos del estado.

E incluso sanguijuelas. Un grupo de personas en Colorado ha estado circulando solicitudes para llevar a las urnas una iniciativa que obligaría a las iglesias y otras entidades sin fines de lucro pagar impuestos de propiedad por el uso de los terrenos. Pero la resolución excluiría a otros grupos sin fines de lucro. Un hombre lo explicó de esta forma: «La medida eximiría a ciertas entidades sin fines de lucro, tales como las escuelas e instituciones de caridad que en verdad dan servicios necesarios a la comunidad. Sin embargo, otros grupos que no pagan impuestos, tales como las organizaciones religiosas y logias fraternales, tienen vastas propiedades pero no pagan nada por protección policial ni por protección al departamento de bomberos; tampoco contribuyen a las escuelas públicas».[4]

En otras palabras, diferentes a otras entidades que «brindan servicios necesarios a la comunidad», las iglesias que ejecutan funciones sin importancia tales como predicar la salvación, atender a los enfermos, vestir al desnudo, alimentar al hambriento, educar al ignorante y libertar a los cautivos, son más que parásitos y la iglesia no es más que una Logia con una cruz. Así parece la Iglesia de Jesucristo a quienes, como consecuencia del rechazo al Mesías, sus razonamientos se han vuelto vanos y necios sus corazones (véase Romanos 1.21).

Atacar a los cristianos ya es un hábito artístico en los medios de comunicación masiva. Los cristianos son el único grupo en Estados Unidos que se odia, discrimina y satiriza sin ninguna consecuencia para el agresor. Somos blanco de la ley, de los medios de comunicación, de Hollywood y de las entidades educativas que minimizan la Palabra de Dios y los valores familiares tradicionales. ¿Cuándo fue la última vez que usted vio en algún programa televisivo un personaje contemporáneo heroico y creyente en la Biblia? No recuerdo ni un solo instante en que la fe del siglo veinte se haya representado como algo positivo. Los pocos buenos ejemplos que recuerdo sobre personajes de fe en la televisión datan de programas muy antiguos y su fe se representó como una cualidad sentimental del pasado.

Ningún otro grupo en la tierra se ha calumniado tan a menudo en los programas de más audiencia de la televisión. Las constantes representaciones de cristianos y clérigos como maniáticos sexuales, asesinos y sicópatas, delata la arraigada hostilidad que los medios de comunicación tienen hacia el cristianismo y la fe en Dios. Quizá el magnate de TBS, Ted Turner, expresó los silenciosos valores de sus asociados cuando reveló a la crítica televisiva del programa *Dallas Morning News*: «El cristianismo es la religión de los perdedores».[5] ¡Imagine qué pasaría si opinara lo mismo acerca del judaísmo o el islamismo!

Y los ataques siguen y siguen... El comentarista de *National Public Radio*, Andrei Codrescu, describió la venida de Cristo y la teología cristiana (en 1 Tesalonicenses 4.17) como «basura». De acuerdo a una transcripción del 19 de diciembre del programa *All Things Considered* [Todas las cosas tomadas en cuenta], Codrescu dijo: «La evaporación de cuatro millones [de personas] que creen en esta basura convertiría al instante al mundo en un mejor lugar».[6]

Si Codrescu hubiera dicho eso sobre los musulmanes, se hubiera unido a Salman Rushdie en escondite perpetuo para librarse del *fatwa* que se emitiría en su contra. Si hubiera dado la misma opinión sobre judíos, negros u homosexuales, lo hubieran eliminado de la radio para siempre. Pero aquí en Estados Unidos, no solo puede Codrescu hacer tales pronunciamientos, sino que también puede contar con el impuesto que usted paga para subvencionar su mensaje de odio.

El gobierno global del anticristo perseguirá a todos los que creen en Dios. Esto no es de ninguna manera improbable; es más, la inscripción ya está en la pared. La Asociación Americana de Abogados, la fraternidad legal más importante de Estados Unidos, ofreció seminarios acerca de «cómo demandar a la iglesia por medio de la ley de agravio» en su convención anual de 1993 en San Francisco. En Colorado parece que aprobarán una ley estatal dentro de la categoría de «crímenes de odio». Nadie que en verdad glorifique a Dios puede dar abrigo al cáncer de odio dentro de su alma, pero estas leyes son como el caballo de Troya porque en la forma que están redactadas otorgan al estado la facultad de encarcelar a quienes expresen lo que su primera enmienda define como derechos religiosos (entre otras cosas, estas leyes podrían tergiversarse de tal forma que se prohibiese hablar negativamente sobre la «preferencia sexual» de una persona).

Por ejemplo, si un rabino o ministro le decía a su congregación que la homosexualidad es abominación delante de Dios, tal y como dice la Biblia, podrían sancionarlo y llevarlo a la cárcel. Si Estados Unidos sigue deslizándose en el profundo cieno del humanismo secular, creo que la ley finalmente la interpretarán de esta forma.

Piense en el acoso que se hace a la religión en las escuelas públicas de Estados Unidos. Cuando mi hijo, Matthew, estaba en tercer grado, su maestra pidió a los alumnos que escribieran una composición de dos páginas sobre la Navidad. Puesto que su madre es hispana, Matthew decidió escribir acerca de la

Navidad en México. Describió *Las posadas*[7] y cómo los Magos iban de casa en casa buscando al niño Cristo.

Rechazaron su composición porque mencionó el nombre de Jesús en el segundo párrafo. Puesto que el niño Jesús era el motivo de la búsqueda de los Magos, era imposible narrar la historia sin incluir este nombre. Pero de acuerdo al enunciado de que la iglesia y el estado deben estar separados, rechazaron su tarea.

Pues bien, este padre se apareció en la escuela de inmediato. Después de una enérgica conversación con la maestra y el director, les dije que los demandaría si no se aceptaba la composición. El sentido común triunfó. Es lamentable, que a pesar de todo, este ambiente hostil que existe hacia el cristianismo continúa desarrollándose en muchas escuelas públicas de Estados Unidos.

Recientemente el director de una escuela en Jackson, Mississippi, permitió que un estudiante leyera esta oración en público: «Poderoso Dios, te pedimos que bendigas a nuestros profesores, a nuestros padres y a nuestra nación. Amén».

¿Resultado? De inmediato, al director lo pusieron a prueba y lo obligaron a llamar por teléfono a cada hora para informar sus actividades a las autoridades. A los criminales que están en libertad condicional los tratan mejor.

Hoy en día, en la mayoría de las escuelas públicas de Estados Unidos se puede distribuir condones, enseñar el uso de los botes salvavidas y afirmar que es normal que Heather tenga «dos mamás [lesbianas]», pero no puede leer la Biblia. ¿Qué hubiese opinado John Quincy Adams al respecto? Él fue uno de los fundadores de nuestra nación y en una ocasión dijo: «De tal magnitud es mi veneración a la Biblia que mientras más pronto mis hijos comiencen a leerla, más se afianza mi esperanza en que serán ciudadanos útiles y cabales para su país y para los respetables miembros de la sociedad. Por muchos años he establecido la norma de que se lea toda la Biblia una vez al año».[8] Hoy Quincy se catalogaría de fanático y lo arrestarían por quebrantar la ley, al igual que Abraham Lincoln, por tener la audacia de decir: «Creo que la Biblia ha sido el mejor regalo que Dios ha dado al hombre».[9]

No obstante, la Corte Suprema ha establecido que es inconstitucional que se coloquen los Diez Mandamientos en la pared de un aula. ¿Por qué? Porque los estudiantes los podrían leer y quizás las palabras le afecten su carácter moral. ¡Que Dios tenga misericordia, porque en una generación caracterizada por disparos desde un automóvil a otro, asesinatos, violaciones, suicidio de adolescentes, drogadicción, homosexualidad, pornografía y satanismo, realmente no quisiéramos afectar el desarrollo del carácter moral! «Corrección política» es el nuevo mandamiento que se encaja en las mentes de todos los niños.

¡Qué ironía! Rusia, antiguo estado ateo, está desesperadamente tratando de reparar el daño moral que el sistema produjo en el pueblo por no permitirles buscar a Dios. En cuanto cayó el régimen soviético, la gente comenzó a pedir Biblias, copias de los Diez Mandamientos, predicadores y ministros para que participaran en los programas de escuela pública. ¡Pero en Estados Unidos, uno de los países más «religiosos» de la tierra, prohibimos esas mismas cosas!

Durante treinta años han lavado y desinfectado las mentes de nuestros hijos. Se les ha enseñado corrección política. Saben cómo colocar un condón en un plátano y por qué deben ser sensibles al buho y al pez ventosa. Pero la cadena televisiva CBS publicó una encuesta que decía que el setenta y cinco por ciento de los recién graduados de bachillerato en Estados Unidos no pueden nombrar los últimos tres presidentes del país.

Una comisión educativa opinó sobre el sistema estadounidense de escuelas públicas: «Si una potencia extranjera hubiera hecho a nuestras escuelas lo que hemos ocasionado, lo habríamos considerado como un acto de guerra».

Créanme, amigos, un nuevo orden mundial se aproxima, al igual que un nuevo regidor mundial (el anticristo), pero este nuevo orden mundial no será la utopía que los políticos, profesores y expertos han predicho. Va a ser el mismo infierno en la tierra, época de severa tribulación y prueba. ¡Y todo vendrá del falso mesías satánico, el anticristo, el así llamado hombre de paz que hará que Hitler luzca como un corista al lado suyo! Se nombrará a sí mismo Dios y millones de personas creerán en él.

La religión global del anticristo

¿Qué es lo que más desea el anticristo? Este es un falso Cristo, y Cristo es digno de nuestra adoración y alabanza. Satanás conoce la profecía de que un día toda rodilla se doblará delante de Jesucristo, pero su odio a Dios es tan grande que ha determinado herirlo al mantener alejados de la salvación al mayor número posible de personas. Y quién sabe, a lo mejor Satanás cree que puede incluso derrotar al Señor Dios de alguna manera. Durante el tiempo limitado del anticristo en la tierra, demandará su adoración. Erigirá su imagen en Jerusalén y asesinará a todo el que rehúse adorarla (véase Apocalipsis 13.15).

Jesús confirmó que el mesías de Satanás, el anticristo, exigirá adoración en todo el mundo. «Por tanto, cuando veáis en el lugar santo la abominación desoladora de que habló el profeta Daniel (el que lee entienda), entonces los que estén en Judea, huyan a los montes» (Mateo 24.15-16).

El templo judío se reconstruirá en Jerusalén. Durante la primera mitad de su gobierno, el anticristo permitirá a los judíos sacrificar en el templo. Se regocijarán y muchos incluso podrían creer que él es el Mesías. Pero durante los últimos tres años y medio de su gobierno, prohibirá los sacrificios.

La última vez que estuve en Israel, me sorprendí al enterarme que una sociedad del templo ya ha hecho allí todos los arreglos necesarios para la adoración en el templo de la misma manera que se hacía en los días de Moisés. Se ha hecho una réplica exacta de cada instrumento, cada tela con la finalidad de prepararse para los sacrificios diarios en el templo.

Daniel especifica que las ofrendas quemadas cesarán tres años y medio (1,290 días) antes que termine la tribulación. ¿Por qué? El anticristo implementará adoración idólatra dentro del santo templo y se autonombrará Dios: «Y por otra semana [siete años] confirmará el pacto con muchos; a la mitad de la semana hará cesar el sacrificio y la ofrenda. Después con la muchedumbre de las abominaciones vendrá el desolador, hasta que venga la consumación, y lo que está determinado se derrame sobre el desolador» (Daniel 9.27).

«Este se opondrá y se levantará contra todo lo que se llama Dios o es objeto de adoración, de modo que se sienta en el templo de Dios, proclamándose a sí mismo Dios» (2 Tesalonicenses 2.4, NVI).

El anticristo no está solo. En esta pervertida trinidad satánica, Satanás (la primera persona de esta tergiversada trinidad) suple de poder al anticristo (la segunda persona), que a su vez tiene su ayudante, el diabólico «falso profeta», que hace señales y maravillas en el nombre del anticristo (de la misma manera que el Espíritu Santo actúa en la Bendita Trinidad): «Y engaña [el falso profeta] a los moradores de la tierra con las señales que se le ha permitido hacer en presencia de la bestia, mandando a los moradores de la tierra que le hagan imagen a la bestia que tiene la herida de espada, y vivió. Y se le permitió infundir aliento a la imagen de la bestia, para que la imagen hablase e hiciese matar a todo el que no la adorase» (Apocalipsis 13.14-15). Por medio del poder demoníaco del falso profeta, la imagen del anticristo hablará como hombre. El falso profeta es al anticristo lo que el Espíritu Santo es a Jesucristo. Cuando el falso profeta haga que esta estatua dice, la mayoría se inclinará y adorará al acto.

La realidad de que el anticristo se presentará al mundo como Dios, se puede verificar en Daniel 11.36: «Y el rey [el anticristo] hará su voluntad, y se ensoberbecerá, y se engrandecerá sobre todo dios; y contra el Dios de los dioses hablará maravillas, y prosperará, hasta que sea consumada la ira; porque lo determinado se cumplirá» (Daniel 11.36).

A Israel le queda todavía enfrentar su noche más oscura. Creo que el proceso de paz que ahora se está gestando será desgraciadamente un caballo de Troya. En lugar de traer la paz tan soñada, traerá al anticristo y la guerra más horrible que haya acontecido en la Tierra Santa. Los judíos religiosos de Israel están a punto de experimentar la campaña más blasfema de todos los tiempos, al obligárseles abandonar su fe cuando el anticristo les exija que adoren su imagen en la santa ciudad de Jerusalén, si es que les interesa subsistir.

CAPÍTULO OCHO

Conspiraciones, coaliciones y catástrofes

U n «hombre de paz» muy diferente a Yitzhak Rabín pronto entrará al escenario mundial. Uno de sus nombres principales nombres bíblicos es «el hijo de perdición» (2 Tesalonicenses 2.3), que también se puede traducir como «principal hijo de Satanás».

El hijo de Satanás

La revista *Time*, en su reseña sobre la película «The Omen» [El presagio], señaló que esta oscura y perturbadora película «se apoya en la profecía bíblica sobre el regreso del príncipe de oscuridad, extraída de *The Revelator* [El revelador], profecía que se adapta a ciertos hechos de nuestro tiempo: la creación de Israel y del Mercado Común [conocido ahora como la Unión Europea]».[1] El artículo en cuestión llegó a la conclusión de que estos son «momentos en que se puede creer en un diablo reencarnado».

El origen del anticristo, sus métodos, su agenda y su meta se revelan claramente en la profecía bíblica. El anticristo, o engañador «hombre de paz», podría incluso estar vivo ya.

La estrategia de Satanás

Pero para poder comprender a cabalidad la agenda del anticristo, es importante que entendamos bien la estrategia de Satanás. El objetivo de Satanás es ser «semejante al Altísimo» (Isaías 14.14). Es más, quiere ir más allá de este plan y destronar al Altísimo. En algún momento de los albores del tiempo, Satanás, el ser más perfecto jamás creado, convenció a una tercera parte de los ángeles que se le unieran en un temerario intento de suplantar a Dios como amo de la creación. Aun sabiendo que está derrotado, Satanás ha persistido en oponerse públicamente a Dios, buscando donde sea posible la oportunidad de fustigar a Dios y de intentar destruir, engañar o desacreditar lo que para Él es importante.

El mismo nombre «anticristo» nos da a entender por qué actúa de esta forma.

El prefijo *anti* en griego tiene dos significados. El primero es como lo entendemos en castellano: en contra de. El segundo significado es en cierto modo más interesante, ya que *anti* significa también «en lugar de». Y ambas definiciones se aplican al caso del anticristo: Satanás y sus profanos conspiradores están al mismo tiempo en contra de Dios y tratando de tomar el lugar de Dios.

De seguro que Satanás y sus demonios saben lo que la Palabra de Dios dice con respecto a su destino final. ¿Por qué persisten tanto en este futil intento? No cabe duda alguna que una de las explicaciones es que el mal y el rencor son las cualidades que definen su carácter. También podría ser que de alguna manera Satanás y sus demonios se imaginan que pueden cambiar su destino y destronar al Dios Todopoderoso. Al fin y al cabo, el pecado original de Satanás fue el orgullo. En realidad la motivación principal de Satanás es el mal, pero pienso que los mismos acontecimientos de la tribulación demuestran que Satanás todavía cree que a fin de cuentas puede desplazar a Dios, y por eso en la tribulación intentará incansable e inútilmente imitar el gobierno milenial de Dios.

Cuando el que «lo detiene» (el Espíritu Santo que opera en la tierra por medio de la Iglesia) sea quitado, Satanás pensará que va a tener la mejor oportunidad jamas tenida de desplazar a Dios. Pero lo que Satanás tiene de oportunista le falta en cuanto a originalidad.

De la misma forma que el Dios único ha existido por toda la eternidad como Padre, Hijo y Espíritu Santo, Satanás crea su malévola trinidad de Satanás, el anticristo y el falso profeta.

Pero mientras que el omnipotente Padre reina desde los cielos en las alturas, Satanás es arrojado de los cielos para ser encerrado en un abismo sin fondo y luego en el infierno, el eterno lago de fuego.

Mientras Jesús ofrece salvación eterna a los que confían en Él, el anticristo sólo puede dar condenación eterna a todos los tontos que confían en él. Mientras Jesús gobierna a un mundo de paz y prosperidad durante el período de mil años conocido como el Milenio, el anticristo gobernará (si cabe el término) por sólo siete años, los cuales se caracterizarán por una guerra sin precedentes, privación y caos.

Mientras el Espíritu Santo da testimonio acerca de Jesús y proporciona bienestar, paz y fuerza a quienes siguen al Salvador, el falso profeta testifica sobre el anticristo y demanda su lealtad por medio de amenazas, engaño y abierta agresión.

Satanás sabe que Dios está planeando un gobierno milenial en la tierra, mil años que se caracterizarán por una única religión, una sola economía y un sólo gobierno. Como era de suponerse, Satanás trata de realizar lo mismo.

Satanás quiere imponer un gobierno mundial, pero el gobierno del anticristo tiene que luchar mucho por su estabilidad, por lo menos durante la primera mitad de su reinado, sólo para darse cuenta de que su gobierno de mil años es reducido a siete.

Satanás persigue que sus leyes se cumplan a nivel mundial, pero lo más que puede hacer el anticristo es sofocar una rebelión tras otra. Nunca lo logrará.

El número de hombre: 666

Juan el teólogo escribe: «Aquí hay sabiduría. El que tiene entendimiento cuente el número de la bestia, pues es número de hombre. Y su número es seiscientos sesenta y seis» (Apocalipsis 13. 18). El significado del número «666» proporciona la transición ideal entre ver la trinidad satánica como un todo y centrarnos en la segunda persona de dicha trinidad, el anticristo.

«El número de hombre», según los eruditos bíblicos, es el seis. Bajo la Ley, el hombre sólo trabajaba seis días, porque Dios creó al hombre para que descansara al séptimo día. El séptimo día es el día de Dios, y el siete es el número de la perfección divina que se refleja en toda la Escritura. El seis no llega a la medida del siete; como cualquier otra cosa que hagan los seres creados, nunca podrá llegar a la medida de perfección del Creador.

El número 666 del anticristo también puede representar la trinidad satánica —Satanás, el anticristo y el falso profeta— que encabezará el culto mundial que adora al Hijo de Satanás. Así como el seis no llega a la medida del siete, hemos visto que Satanás no puede llegar a ser Dios el Padre, el anticristo no puede llegar a ser Dios el Hijo, y el falso profeta no puede llegar a ser Dios Espíritu Santo.

El número 666 puede también significar la idolatría mundial ordenada por Nabucodonosor cuanto erigió su propia estatua y exigió a todo el mundo que la adorara o que enfrentaran la muerte. (Daniel 3.) Se podría decir que el 666 fue estampado en la misma estatua de Nabucodonosor ya que la misma medía 60 codos de alto y 6 de ancho (v. 1).

También recuerde que en Apocalípisis 13 el tema principal es el surgimiento de un hombre, el anticristo, y dice que «666" es «número de hombre». Al hacerse este énfasis se abre otra posible explicación del enigmático «666». Estoy especulando ahora, pero seguramente algunos de los lectores de Juan conocían bien alguna técnica de calcular nombres usando números, práctica conocida por los judíos como *geometría* (*o gimetría*). Los griegos la practicaban, pero no tanto como los judíos.

La transición de número a letra o viceversa era posible debido a que la mayoría de los idiomas antiguos no tenían símbolos independientes para los números, como nosotros. Las letras del alfabeto también se usaban para designar números en la misma manera que ocurre con los números romanos. Era fácil para los miembros de la iglesia primitiva convertir un número en nombre y un nombre en número.

En Apocalipsis 13.18 Juan hizo posible que el mundo identificara al anticristo. Este enigmático rompecabezas no tiene el propósito de señalar con el dedo a una persona en particular. Más bien intenta confirmar al mundo que se sospecha que alguien es el anticristo. Y en la idolatría de los últimos tiempos, el «número de hombre» se desarrolla a plenitud y el resultado es «666».

Esta información sobre cómo identificar al anticristo no tiene ningún valor práctico para la iglesia puesto que estaremos observando desde los balcones del cielo cuando se manifieste. Pero para quienes lean este libro después del Rapto de la Iglesia, y para los que tengan un encuentro personal con Cristo durante la tribulación, será más fácil identificar qué personaje de la Federación Europea va a ser el diablo encarnado, el hijo de Satanás.

A finales de la década del treinta e inicios de la década del cuarenta, una lluvia de folletos identificaban a Adolfo Hitler como el anticristo. Otros declaraban que Mussolini era el anticristo debido a sus vínculos con Roma. Pero nadie que haya vivido desde el día de Pentecostés hasta el Rapto de la Iglesia puede saber quién es el anticristo porque no aparecerá en el escenario mundial hasta que la Iglesia, junto con el que lo detiene, el Espíritu Santo, sean removidos de la tierra.

El así llamado hombre de paz, el hijo de Satanás, el falso mesías, el anticristo, probablemente ya viva e incluso puede estar al tanto de su predestinada tarea. Y aunque no sabemos quién *es* el anticristo, en verdad sabemos detalladamente lo que *hará*.

La descripción del anticristo

En el capítulo trece de Apocalipsis vemos una de las referencias más descriptivas de las funciones del anticristo. Aquí se le da el apelativo de «la bestia» cuyo número es 666. En Daniel, donde se describe aun más detalladamente, es el «cuerno pequeño» del capítulo siete. También se le conoce como «el rey de violentas características» de Daniel 8. El «príncipe que ha de venir» del capítulo nueve y el «rey voluntarioso» del capítulo once.

Como ya sabemos, el hijo de Satanás será una falsificación del hijo de Dios. Pero aprendemos más sobre la personalidad y plan del anticristo si entendemos cuán opuesto es de Jesús, el verdadero Hijo de Dios.

Cristo vino del cielo (Juan 6.38)	el anticristo vendrá del infierno (Apocalipsis 11.7)
Cristo vino en el nombre de su Padre (Juan 5.43)	el anticristo vendrá en su propio nombre (Juan 5.43)
Cristo se humilló (Filipenses 2.8)	el anticristo se autoexaltará (2 Tesalonicenses 2.4)
Cristo fue desechado y abatido (Isaías 53.3)	el anticristo será admirado y alabado (Apocalipsis 13.3,4)
Cristo vino a hacer la voluntad de su Padre (Juan 6.38)	el anticristo por su voluntad (Daniel 11.36)
Cristo vino a salvar (Lucas 19.10)	el anticristo vendrá a destruir (Daniel 8.24)
Cristo es el buen pastor (Juan 10)	el anticristo será el vil pastor (Zacarías 11.16-17)
Cristo es la verdad (Juan 14.6)	el anticristo será «la mentira» (2 Tesalonicenses 2.11)
Cristo es el misterio de la piedad, Dios manifestado en carne (1 Timoteo 3.16).	el anticristo será «el misterio de iniquidad», Satanás manifestado en carne (2 Tesalonicenses 2.7-9), el hijo de Satanás.

El anticristo toma el poder

El anticristo tomará primeramente control de una nación en el bloque federado, que podría pertenecer a la actual Unión Europea. En un momento de inestabilidad, que podría ser debido a la guerra en Bosnia o alguna maniobra militar apoyada por las Naciones Unidas, tomará control de tres naciones dentro de la federación:

Juan lo describe en Apocalipsis 13.1: «Me paré sobre la arena del mar, y vi subir del mar una bestia que tenía siete cabezas y diez cuernos; y en sus cuernos diez diademas; y sobre sus cabezas, un nombre blasfemo».

Note que la bestia se levanta del mar —el mar, en simbología profética, representa al mundo gentil—, y tiene diez diademas sobre siete cabezas. En pocas palabras, ha conquistado tres de las diez naciones y las gobierna, y porta diez diademas o coronas simbólicas.

Israel confía su seguridad al anticristo

Ansioso de tener paz, y sin saber las verdaderas intenciones del anticristo, Israel firmará pronto un tratado de paz de siete años con el anticristo. Es más, la firma del acuerdo es el acontecimiento que inaugura los siete años de tribulación. En este tratado el mismo anticristo garantizará la seguridad de Israel. «Y por otra semana [el anticristo] confirmará el pacto con muchos; a la mitad de la semana hará cesar el sacrificio y la ofrenda» (Daniel 9.27).

Ahora, antes de seguir leyendo, tome un momento para meditar sobre lo que dice la Palabra de Dios. Si alguna vez ha estado en Israel, habrá notado que debido a la historia de persecución y traición que el pueblo judío ha vivido, no ponen su seguridad en manos de nadie. Solo confían en ellos mismos. Esa historia es parte de la gran necesidad del pueblo judío de tener su propia patria; pueden confiar en su gobierno porque el gobierno les pertenece. Incluso podría decirse que la nación de Israel es la materialización de un deseo expresado en la solemne declaración «Nunca otra vez». Nunca otra vez otra masacre; nunca otra vez una persecución; nunca otra vez el destierro; nunca otra vez un holocausto. Así que uno ya puede imaginarse lo que les costaría encomendar su seguridad a otro. Eso da una idea no sólo del cambio de actitud de Israel, sino también del increíble poder y credibilidad del anticristo.

En los próximos meses, existe la posibilidad —y creo que la probabilidad— de que Israel abandone todo o parte del territorio de las Alturas de Golán y lo devuelva a Siria, invitando luego a las Naciones Unidas o alguna otra fuerza a que ocupen dicha región para salvaguardar su seguridad nacional. Ese será un momento determinante en la historia porque la nación de Israel nunca ha dependido de nadie para su seguridad nacional.

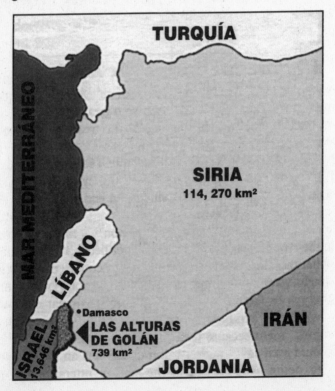

Las Alturas de Golán, colinas estratégicas situadas al norte de Israel y el sur de Siria, son un área vital desde el punto de vista militar y también como la principal fuente de agua para la nación de Israel. El área está formada por una elevada meseta que mide alrededor de 772 km² y se distingue por dos niveles: el Bajo Golán en el sur, con alturas entre 200 y 600 m y el Alto Golán en el norte, con alturas de hasta 1,000 m sobre el nivel del mar. Algunas colinas alcanzan casi 1,200 m.

Los puestos de observación israelíes en las Alturas del Golán hacen prácticamente imposible que Siria ataque furtivamente a Israel, y las condiciones climatológicas son tales que la vigilancia por satélites sería difícil y la vigilancia aérea extremadamente costosa.

Como país pequeño, Israel no tiene tierra para ceder a su agresor durante la primera fase de un ataque militar. Por consiguiente, la FDI (Fuerzas de Defensa de Israel) siempre han dependido en gran escala de los ataques preventivos y de la rápida movilización de reservas para resistir los enemigos hostiles concentrados en sus fronteras. Pero también todo esto significa que es de absoluta necesidad para Israel tener información precisa y oportuna para anticipar y prevenir cualquier acción militar por parte de sus enemigos.

Si bien es cierto que los sirios pueden hacer blanco en Israel desde cualquier lugar de Siria con sus misiles Scud-C (cargados de armas químicas o convencionales), no es menos cierto que las Alturas de Golán están situadas de tal forma que una invasión siria puede producirse solamente desde dos áreas: Tel Fars y Quneitra. De ahí se explica por qué cuando los israelíes fueron completamente sorprendidos en la guerra de Yom Kippur, y derrotados en un principio por Egipto, un pequeño contingente de tropas israelíes impidieron el paso a mil tanques sirios hasta que las fuerzas de reserva pudieran llegar a la zona. Sin embargo, si los israelíes no hubiesen poseído las Alturas de Golán, habrían tenido que resistir el ataque dentro de Israel en el sobrepoplado valle de Hula, el Valle del Jordán y Galilea. Los muertos se hubiesen contado por montones.

Quizás aún más importante cotidianamente, las Alturas de Golán son ricas en recursos hidráulicos, recursos que se necesitan desesperadamente en el desierto que abarca gran parte de Israel y el Medio Oriente. Siria, por el contrario, tiene grandes recursos hidráulicos y ha tratado con regularidad de aniquilar de sed a Israel al desviar el cauce del Río Jordán.[2]

Desde junio de 1974, aproximadamente 1,250 soldados de la Fuerza de Observadores de la Paz, filial de las Naciones Unidas, han patrullado el área fronteriza que separa las tropas judías de las sirias. Obviamente, por tener limitadas fuerzas y ser tan reducidos, no pueden evitar la agresión. Más bien son «muros de contención», como eran las fuerzas aliadas en Berlín Occidental durante la Guerra Fría. Nuestras fuerzas pudieron haber sido aplastadas por los comunistas, pero para lograrlo habrían tenido que matar a todos los soldados aliados, trayendo como consecuencia la *total* participación de la fuerza aliada en una *inevitable* y *prolongada* guerra. De modo que las tropas de la ONU son escudo humano y rehenes al mismo tiempo, asegurando que el agresor que las ataque enfrente el repudio de la comunidad mundial.[3]

Sin embargo, en este mismo momento se puede decir que sólo en pequeña escala la ONU funge de garante de la paz en Israel. Por consiguiente, la FDI activa y vigorosamente defiende el Golán y posee la cuarta fuerza militar más poderosa del mundo. A pesar de todo, la atrocidad del asesinato del primer ministro Yitzhak Rabín unirá a la opinión pública e instará al gobierno a sostener conversaciones de paz con los sirios y los palestinos. Hace apenas unos meses los líderes mundiales y teólogos lo habrían considerado totalmente imposible, pero está sucediendo delante de nuestros propios ojos.

Rabín creía tanto en la paz que puso en juego la última parte de su carrera política — y a fin de cuentas su propia vida— para lograrla. Ahora el mundo se pregunta cómo se conducirán los destinos del país después de las elecciones. De acuerdo a la ley, el que resulte elegido tendrá un plazo de cuarenta y dos días, dos períodos de veintiún días, para establecer un gobierno y para que sea aprobado por la mayoría de los ciento veintisiete miembros que forman el Knesset.[4]

Según expertos en política israelí, antes del asesinato de Rabín «la tácita política de Israel era: Peres ansiaba demasiado estrechar la mano de Arafat, mientras Rabín se mostraba apenas dispuesto a hacerlo».[5] Pero ahora el mundo ansiaba que los israelitas se amistaran con los árabes. Shimon Peres, a menudo descrito como «el blando ministro de relaciones exteriores», fue el jefe de la negociación con los palestinos. Inició el contacto secreto en Oslo, Noruega, que los llevó hacia el acuerdo de la Margen Occidental en 1993.

De todos modos, la transición a una postura menos defensiva pudiera estar en camino. Cuando llegue el momento, los israelíes van a confiar tanto en la protección del anticristo que cuando sean atacados poco antes del inicio de los tres años y medio de tribulación, se les describirá como «tierra indefensa[...] gentes tranquilas que habitan confiadamente; todas ellas habitan sin muros, y no tienen cerrojos ni puertas» (Ezequiel 38.11). Hoy día esto es absolutamente notable. Si alguna vez ha estado en Israel, se habrá dado cuenta que la seguridad del pueblo tiene alta prioridad: ¡por todas partes hay soldados, ametralladoras, tanques, muros y alambres de púas! Estaría muy bien si el pasaje profético se refiriera a la tranquila Costa Rica, que no tiene ejércitos, pero es otra cosa decir que una nación como Israel va a encomendar la seguridad nacional a una fuerza militar extranjera.

Quizá sea por la euforia que sienten debido a la reconstrucción del templo.

Reconstrucción del templo

Una de las estipulaciones del acuerdo entre Israel y el anticristo es que éste ha de permitir a los judíos religiosos reconstruir el templo y reanudar los sacrificios diarios. Lo sabemos porque el anticristo prohíbe los sacrificios y la ofrenda cuando culmine la primera parte de la tribulación; los sacrificios tienen que comenzar de nuevo para que el anticristo los prohíba. Otro indicio que el templo será reconstruido es que el anticristo tomará posesión del templo, hecho que también sucederá a mitad de la tribulación: «el cual [el anticristo] se opone y se levanta contra todo lo que se llama Dios, o es objeto de culto; tanto que se sienta en el templo de Dios, haciéndose pasar por Dios» (2 Tesalonicenses 2.4). Insistimos, el templo debe haber sido construido para que el anticristo lo posea y lo profana a su antojo.

Ahora bien, la reconstrucción del templo constituye un grave problema político religioso, ya que el lugar que señala la Biblia para su ubicación está actualmente ocupado por la mezquita Cúpula de la Roca.

La Cúpula de la Roca, situada en el pináculo del templo, o Monte Moriah, es el tercer lugar más santo en el mundo para los musulmanes. Escuche cómo lo describe la Asociación Islámica de Palestina:

> «Gloria a Aquel que envió a su siervo a un viaje nocturno desde la sagrada mezquita (Haram) hasta la mezquita más lejana (Aqsa) cuyos precintos Nosotros bendijimos para poder mostrar algunas de Nuestras señales: porque Él es quien oye y ve (todas las cosas)» (Qur'an 17.1). La mezquita de AL-Aqsa es el tercer lugar más santo del Islam, la segunda casa de adoración de la tierra, y fue la primera dirección para la oración de los musulmanes. Una oración en la mezquita de Al-Aqsa equivale a 500 oraciones en cualquiera otra mezquita, exceptuando la mezquita de Haram en la Meca y la mezquita del Profeta (An-Nabawi) en Medina. De camino al cielo, el profeta Mahoma (pbuh) oró en la mezquita de Al-Aqsa, conduciendo a todos los profetas.[6]

Si duda que los judíos intentarían algo tan audaz, necesita saber que algunos judíos *ya* lo están planeando, y están haciendo los preparativos necesarios para la construcción y preparación del *tercer* templo (el primero fue el de Salomón y el segundo, el de Herodes.) Una de las organizaciones involucradas en este propósito se llama Fundación Templo. Veamos cómo describen sus operaciones:

> Hoy, en el Instituto del Templo en Jerusalén, se ha cumplido la profecía bíblica. Aquí, puede ver algo que no se ha visto en la faz de la tierra por 2,000 años: En preparación para la construcción del tercer templo, el Instituto del Templo ha creado auténticos vasos del templo y ropas sacerdotales según las especificaciones bíblicas. Es un proceso continuo, y a la fecha más de sesenta objetos sagrados de oro, plata y cobre han sido recreados. Estos vasos no son modelos ni réplicas, sino que se han construido según los complicados detalles y requisitos de la ley bíblica. Si se construyera el templo de inmediato, el culto santo se podría reanudar utilizando estos vasos.

> Además de trabajar en la recreación de los vasos del templo, el Instituto está realizando una serie de proyectos de investigación similares. Los mismos abarcan la importación de auténticas novillas rojas a Israel, en preparación para la purificación ritual que se detalla en Números 19. Otras prioridades abarcan la identificación y reunión de todos los once ingredientes de la ofrenda de incienso, y el largo y exhaustivo proceso investigativo de identificar las piedras que adornaban el pectoral del sumo sacerdote, el Urim y Tumim. Incluso hay trabajos avanzados realizados por técnicos y arquitectos, usando una sofisticada tecnología computarizada, para diseñar los planos mismos del tercer templo.[7]

Sólo la destrucción de las mezquitas de la Meca y Medina puede ser más impactante para los musulmanes. Y quizá no haya un golpe más bajo (aparte de las batallas descritas en este capital y el próximo) que se les inflija cuando Israel remueva la Cúpula de la Roca para construir el tercer templo. Pero aun cuando una fuerza internacional garantice la seguridad de Israel cuando decidan reconstruir el templo, las naciones islámicas se prepararán para la guerra. El «rey del norte» los conducirá a Israel.

Un *jihad* islámico contra Israel

Como represalia por la destrucción de la Cúpula de la Roca, las naciones islámicas de África y del Medio Oriente formarán una coalición panislámica para destruir Israel, eliminar a los judíos y destruir el tercer templo. Desde luego, la remoción de la Cúpula de la Roca en sí será más que suficiente para que las naciones de África y Medio Oriente cesen sus históricas y multifacéticas riñas. No obstante, la creación de esta alianza tomará tiempo, y la coalición no atacará hasta mediados de los siete años de tribulación. Sin embargo, creo que a pesar de que Israel disfrutará de un período de relativa paz, será continuamente acosado por grupos terroristas como el HAMAS y el Jihad Islámico.

Pero también debemos recordar que los activistas islámicos odian tanto a los judíos que no les costará ningún esfuerzo entrar en frenesí y lograr lo que han anhelado por años: «Seis millones de descendientes del mono [i.e., judíos] ahora gobiernan a todas las naciones del mundo, pero sus días, también, están contados. Alá, mátalos a todos, no dejes ni uno».[8]

Las Escrituras describen esta venidera coalición como una confederación de dos grandes reyes: El rey del sur y el rey del norte.

El rey del sur, según Ezequiel, controlará las fronteras de las entonces conocidas Persia, Etiopía y Libia. Persia es el Irán de hoy, actual incubador y diseminador del activismo islámico. Libia (literalmente «Fut», equivale a la región que ahora ocupa el estado terrorista de Libia. Etiopía puede representar alguna otra nación además del estado que ahora lleva su nombre.

Su origen se ubica en Cus, nieto de Noé (Génesis 10), cuyos descendientes debieron haber emigrado hacia el sur y haberse diseminado por toda África.

Nada podría encajar más a la luz de los acontecimientos actuales. El movimiento islámico de los iraníes fundamentalistas está avanzando en África, no sólo en el norte de África sino también en el resto del continente. Ahora mismo existe una batalla épica entre el cristianismo y el islamismo por las almas y corazones de los hombres y mujeres de África. Cuando se elimine a la Iglesia de ese continente, el islamismo tendrá el campo abierto para hacer prosélitos. Es interesante notar que la Asociación Islámina de Palestina reporta:

- Que la recomendación original de 1947 para la creación de un «estado judío» en Palestina fue aprobada en primera instancia solo por los estados de Europa, América y Australia[...] porque cada país asiático y cada país africano (exceptuando la Unión sudafricana) votó en contra.

- Que cuando el voto fue emitido en la sesión plenaria del 29 de noviembre de 1947, las urgentes medidas de presión tomadas por los Estados Unidos (que un miembro del gabinete de Truman describió como «a un punto casi escandaloso») habían tenido éxito sólo en un país africano (Liberia)[...] el cual tenía cierta vulnerabilidad circunstancial hacia las presiones americanas, para que abandonara su abierta oposición.

- Que Israel, desde que fue creado, se quedó totalmente aislado del emergente mundo afroasiático; y que a Israel se le ha negado admisión en toda conferencia interestatal de Asia, África, Afroasia o de los países no alineados. [9]

Ahora bien, si sólo la mitad de esas declaraciones son ciertas, es evidente que no escasearán voluntarios en África para tomar las armas en contra de Israel (y ni hablar de los enemigos que tiene en el Medio Oriente).

También se mencionan como conspiradoras junto a la coalición integrada por los reyes del norte y del sur a las naciones de Sabá (actual Yemen), Dedán (territorio al sur de Edom, localizado hoy al sur de Jordania) y Tarsis (que tradicionalmente se identifica como parte de la costa del sur de España o la isla mediterránea de Cerdeña).

El otro pavoroso participante en este venidero *jihad* es el rey del norte. Si miramos los lugares modernos de los combatientes que se mencionan en Ezequiel 38 y 39 y los comparamos con los sitios que se muestran en el mapa titulado «Las Naciones según Génesis 10», notamos que vienen del área general que abarca Turquía, Siria, Irak y por lo menos algunas de las repúblicas islámicas de la antigua (y creo que futura) Unión Soviética, si no de la misma Rusia. [10]

No excluya a Rusia de este *jihad* que se producirá a mitad de la tribulación. En Ezequiel 38 y 39 hay referencias preocupantes sobre «Gog, en tierra de Magog» (38.2) que «vendrá de [su] lugar, de las regiones del norte, [él] y muchos pueblos [o naciones] con [él], todos ellos a caballo, gran multitud y poderoso ejército» (Ezequiel 38.15). A pesar de que nadie sabe

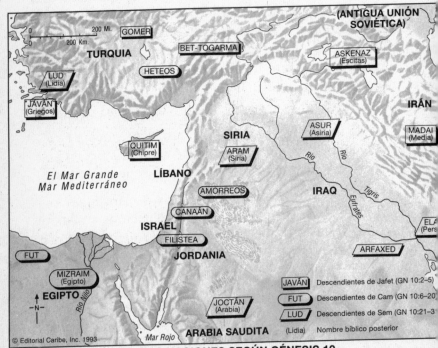

LAS NACIONES SEGÚN GÉNESIS 10

la ubicación exacta de la tierra de Magog, si uno va bien hacia el norte de Israel llega a Rusia. Y aun si luego se determina que la tierra de Magog está localizada en la Turquía moderna o la porción de tierra situada entre los mares Negro y Caspio,[11] no se descarta la posibilidad de que estas regiones sean conquistadas por Rusia días antes del Rapto (creo que estamos viviendo esos días) o inmediatamente después.

Sea cual fuese la identidad de «Gog, en la tierra de Magog», conducirá a muchas naciones a la guerra contra Israel y el pueblo judío. Es interesante señalar que gran número de las naciones mencionadas en Ezequiel 38 y 39 se han aliado con Rusia últimamente: «Las mismas comprenden Irán (Persia), Sudán y el norte de Etiopía (Cus), Libia (Fut) y Turquía (Mesec, Tubal, Gomer y Bet-Torgama)».[12]

Una Rusia renacida conspira junto al Islam

Quizá usted se pregunte: ¿Cómo podría surgir de nuevo la Unión Soviética?¿Qué interés tendría Rusia o una renacida Unión Soviética en cooperar militarmente en esta campaña contra Israel y el templo de Jerusalén? ¿Qué interés puede tener esta coalición musulmana en aliarze con Rusia? La respuesta está tan a la mano como el periódico de hoy.

Los motivos de Rusia

No se equivoque, esta alianza será un matrimonio por conveniencia, no por amor. Cada uno tendrá algo que el otro desea. En el caso de Rusia, hay dos cosas que sobresalen.

Rusia anhela volver a ser una superpotencia. El imperio que los soviéticos levantaron durante la época de régimen comunista fue motivo de gran orgullo para muchos. La humillación de perder dicho imperio combinado con el empobrecimiento de su vacilante economía han dejado a los rusos nostálgicos sobre su pasado, resentidos del presente y escépticos del futuro. Es en ese tipo de clima que surgen las dictaduras, y en verdad no tiene que ir muy lejos; sólo vea las elecciones recientes del Duma ruso para que se dé cuenta del rumbo que Rusia está tomando. Mientras que los principales políticos de Rusia discrepan en muchos asuntos, Gennadi Zyuganov, líder del resurgente partido comunista; Vladimir Zhirinovsky, el trastornado ultranacionalista; y Aleksandr Lebed, el antiguo general, miran hacia el futuro desde la óptica de su pasado ateo y autoritario. Están capitalizando el resentimiento ruso hacia Occidente y sus reformas para llegar al poder. Una vez en el poder, empezarán a actuar.

Actualmente, la constitución rusa confiere más poderes al presidente que al parlamento. Y debido a que los dos contrincantes que obtengan el mayor número de votos en la elección presidencial van a una segunda vuelta, el sistema propicia en gran manera gobiernos de coalición. Y en verdad el proceso de formar coaliciones para revertir las reformas de Gorbachev y Yeltsin ya ha comenzado.[13]

Rusia tiene muchas riquezas naturales, pero son difíciles de explotar. No sólo anhela Rusia ser nuevamente una superpotencia, sino que necesita dinero. Desafortunadamente para el mundo, cuando una nación combina la pobreza con la ambición, el resultado es casi siempre un esfuerzo de expansión. Porque mientras Rusia añora los días de gloria, en este momento tiene problemas para pagar incluso a sus fuerzas armadas. Y aunque Rusia es rica en petróleo y otros recursos naturales, dichas riquezas tienden a ubicarse en áreas remotas muy difíciles de penetrar. Este problema es una combinación de su rudimentaria tecnología y de la escasez de divisa fuerte para comprar tecnología de Occidente. Tras verse derrotados en Afganistán y desangrados en Chechenia, los líderes nacionalistas rusos pueden creer que el país necesita una victoria militar para aumentar su prestigio y enviar un mensaje apropiado al mundo, especialmente a Occidente.

De modo que para reconquistar el imperio, Rusia necesita dinero, victorias militares y tecnología occidental, pero bajo condiciones rusas, no occidentales. ¿Qué mejor forma de lograr las tres que controlando la principal fuente de petroleo del mundo industrializado, el Golfo Pérsico? Al controlar y vender el petróleo del Medio Oriente, Rusia pondría a sus pies a las naciones industrializadas.

Si las naciones islámicas ceden parte del control de su petróleo a Rusia a cambio de cooperación en la invasión, la oferta será muy tentadora, por lo cual los rusos cooperarán con las naciones islámicas en su campaña de destruir a Israel y el templo.

Qué gana la coalición islámica con esto

¿Qué podrían obtener las naciones islámicas de Rusia que valiera la pena permitir a los rusos entrar en su territorio y darles el control de sus riquezas petrolíferas? Puedo citar por lo menos cuatro razones.

Las naciones islámicas se beneficiarían en gran manera del poderío de las fuerzas armadas rusas. Aunque son menos poderosas que en el período de la Guerra Fría, las fuerzas armadas rusas superan a las de cualquier país musulmán, y constituyen una amenaza formidable tanto en tierra, cielo y mar como en el espacio. Además, las naciones islámicas estarán muy conscientes de su incapacidad de vencer al ejército israelí y a la considerable destreza militar del anticristo, que está garantizando la seguridad de Israel.

Rusia podrá amenazar con usar sus armas nucleares, biológicas o químicas si Israel u Occidente amenazan con intervenir o incursionar en el conflicto con el uso de tales armas. Por mucho tiempo se sabe que Israel posee armas nucleares, como dije en un capítulo previo, y sólo podemos asumir que tiene armas químicas o biológicas y la capacidad de responder a cualquier ataque o amenaza de cualquier índole.

Ahora bien, no está claro en Ezequiel 38.11 si Israel se ha quedado con su arsenal, pero aun si lo ha retenido, los rusos pueden amenazar con lanzar misiles cargados con ojivas nucleares, químicas o biológicas desde un lugar relativamente seguro en una de las fronteras en el lejano norte, si Israel osara entrar en el conflicto.

Pero quizá aun más significativo es el hecho de que Rusia puede amenazar al anticristo con su arsenal si trata de cumplir sus compromisos de paz con Israel y acude a defenderlo. Y con el enojo que tienen los musulmanes por la reconstrucción del templo y por la misma existencia de Israel, ceder parte del control de su petróleo puede ser un precio razonable para eliminar completamente del panorama mundial al estado judío.

Muchas de las naciones identificadas en Ezequiel 38 y 39 han sido antiguos aliados de los rusos. Volver a una alianza anterior les puede dar un sentido de familiaridad, seguridad e incluso control.

Las naciones islámicas pueden estar conscientes de la experiencia rusa en Afganistán. Recuerde que, como dije anteriormente, el islamismo es una religión triunfalista. Cree que el tiempo y la historia están de su parte. Aun si al final su alianza con Rusia se rompe y le hacen la guerra, creen que al fin y al cabo prevalecerán contra Rusia, tal y como sucedió en la guerra de Afganistán.

¿Por qué Israel?

Como habrá de suponer, hay dos razones principales para centrarse en la eliminación de Israel: su importancia religiosa y su importancia estratégica.

Para las naciones islámicas, la construcción del tercer templo en el Monte Moriah y la eliminación de su Cúpula de la Roca será una afrenta tan grave y desconcertante que simplemente deben tomar represalias. Para dar una idea de la magnitud de su enojo, si usted es judío, imagine lo que siente cuando mira una película de propaganda nazi y multiplique esa emoción por diez. Si es cristiano, imagine lo que sentiría si se entera que en una exhibición de arte hay un crucifijo sumergido en una jarra de orina, y que tal exhibición se paga con los impuestos recaudados para la Fundación Nacional del Arte; una vez más, multiplique ese enojo e indignación por diez. Aun así, sus sentimientos no se compararán con los de los musulmanes, al eliminarles la Cúpula de la Roca y la construcción del tercer templo en su sitio original. Esta situación, combinada con su arraigado odio al pueblo judío, será más que suficiente para que se animen a gastar y sacrificar lo que sea con tal de eliminar la causa de su aborrecimiento.

Más importante para los rusos será la relevancia estratégica de Israel. Para controlar el petróleo en el Medio Oriente, para dictar al anticristo su propia política de paz, Israel debe ser eliminado, por ser una amenaza. Para garantizar la paz a Israel, el anticristo establece un bastión de amistad en el centro mismo del mundo musulmán. Así, Israel llega a ser un puesto de avanzada en la conquista imperial. Los rusos estarán al tanto de que el anticristo ha tomado al igual que ellos la decisión de construir un imperio y que algún día ambos van a chocar. Los musulmanes tampoco estarán ajenos al hecho de que la religión adoptada y diseminada por el anticristo contrasta grandemente con la de ellos (a pesar de que ambas religiones rechazarán la Divina Trinidad y la necesidad de que se confíe en Jesucristo, el Hijo de Dios como Salvador y Señor).

Aunque Israel no tiene petróleo, está en posición de controlar las exportaciones de petróleo del Medio Oriente. Debido a su ubicación geográfica y su poderío militar —particularmente su fuerza aérea, si la retiene después del acuerdo de paz con el anticristo—, puede destruir las rutas de embarque de petróleo en el Mediterráneo Oriental, el Canal de Suez, el Golfo Pérsico e incluso el Estrecho de Hormuz. Por consiguiente, la fuerza aérea y el arsenal de Israel le dan una carta de triunfo sobre las expectativas triunfalistas de los musulmanes y la necesidad de los rusos de controlar el petróleo del Medio Oriente.

Por estas y otras razones, los rusos y los musulmanes llegarán a la conclusión de que Israel y el pueblo judío deben desaparecer del Medio Oriente. Y poco antes de que concluya la primera mitad de la tribulación, encuentran el mejor momento para atacar.

La batalla por Israel y Jerusalén (Ezequiel 38,39)

Como siempre, el mal que el hombre planea Dios lo transforma en bien, y esta batalla monumental entre Israel y la coalición islámico-rusa no es la excepción. Porque aunque estos temibles ejércitos creen que por su voluntad organizaron esta batalla para lograr sus propósitos, en realidad es Dios el Padre el que los ha juntado.

Los reyes del norte y del sur se unen para la batalla

Ezequiel 38.4-6 declara:

> Y te quebrantaré, y pondré garfios en tus quijadas, y te sacaré a ti y a todo tu ejército, caballos y jinetes, de todo en todo equipados, gran multitud con paveses y escudos, teniendo todos ellos espadas; Persia, Cus y Fut con ellos; todos ellos con escudo y yelmo; Gomer, y todas sus tropas; la casa de Togarma, de los confines del norte, y todas sus tropas; muchos pueblos contigo.

Y de nuevo vemos al Señor orquestando la batalla en Ezequiel 38.16: «Será al cabo de los días; y te traeré sobre mi tierra».

En lugar de esto los reyes del norte y del sur sólo ven a Israel como «la tierra salvada de la espada, recogida de muchos pueblos, a los montes de Israel, que siempre fueron una desolación; mas fue sacada de las naciones, y todos ellos morarán confiadamente» (38.8). Como resultado del pacto de paz con el anticristo y los preparativos estratégicos de la coalición, Israel será más vulnerable que nunca. Se les verá como «gentes tranquilas[...] todas ellas habitan sin muros, y no tienen cerrojos ni puertas[...] y sobre el pueblo recogido de entre las naciones, que se hace de ganado y de posesiones, que mora en la parte central de la tierra» (38. 11,12).

Como resultado, la coalición «vendrá de [su] lugar, de las regiones del norte [ella], y muchos pueblos con [ella], todos ellos a caballo, gran multitud y poderoso ejército, y [la coalición] subirá contra mi pueblo Israel como nublado para cubrir la tierra» (38.15,16).

Sin embargo, a pesar de su poderío y la ocupación inicial de la tierra, la derrota de la coalición ruso-islámica será repentina, horrible y total.

Los reyes del norte y del sur son derrotados en la batalla

Los reyes del norte y del sur tienen un fácil acceso a la Tierra Prometida. Tal y como esperaban, el anticristo no hace nada por cumplir el tratado que firmó con Israel. Por tanto, con agradecimiento a Alá (o Lenin), están listos para ejecutar su plan genocida y de pillaje. La gran mayoría nunca sabrá qué los aplastó.

La batalla es del Señor. El rey David identificó la fuente del poderío militar de Israel: «He aquí, no se adormecerá ni dormirá el que guarda a Israel» (Salmo 121.4). Después de ver a los judíos del Holocausto caminar hacia las cámaras de gas, después de ver a «la niña de sus ojos» siendo arrojada a los hornos y sus cenizas lanzadas por toneladas en los ríos de Europa, después de ver «la tierra que fluye leche y miel» manchada de rojo con la sangre de judíos en cinco grandes guerras en busca de paz y libertad, Dios se pone de pie y grita a las naciones del mundo: «¡Basta! ¡Estoy sumamente airado!»

Dios rompe su silencio.

> Porque he hablado en mi celo, y en el fuego de mi ira: Que en aquel tiempo habrá gran temblor sobre la tierra de Israel; que los peces del mar, las aves del cielo, las bestias del campo y toda serpiente que se arrastra sobre la tierra, y todos los hombres que están sobre la faz de la tierra, temblarán ante mi presencia; y se desmoronarán los montes, y los vallados caerán, y todo muro caerá a tierra. Y en todos mis montes llamaré contra él la espada, dice Jehová el Señor; la espada de cada cual será contra su hermano. Y yo litigaré contra él con pestilencia y con sangre; y haré llover sobre él, sobre sus tropas y sobre los muchos pueblos que están con él, impetuosa lluvia, y piedras de granizo, fuego y azufre. Y seré engrandecido y santificado, y seré conocido ante los ojos de muchas naciones; y sabrán que yo soy Jehová (Ezequiel 38.19-23).

Dios desata su sobrenatural arsenal contra los enemigos de Israel, produciendo resultados letales. Primero, sacude la tierra con un poderoso terremoto que neutralizará cada tanque y cada soldado al instante. Sin duda, muchos quedarán enterrados vivos.

Segundo, Dios produce una confusión masiva en cada ejército que viene contra Israel. Cada hombre volverá su espada contra su hermano. Esto es exactamente lo que hizo Dios cuando ordenó a Gedeón que tocara las trompetas y quebrara los cántaros. Los filisteos se confundieron por obra divina y cada uno volvió su espada contra el otro. Gedeón obtuvo una gran victoria militar sin perder a ninguno de sus hombres. Dios lo hará de nuevo para defender a Israel.

Este pasaje se podría interpretar de dos formas. En primer lugar, el «fuego y azufre» puede ser el uso de las armas nucleares por parte de Israel en un último intento de prevenir su aniquilamiento. La segunda interpretación es que este acontecimiento sea una repetición de Sodoma y Gomorra. Dios consumirá a los enemigos de Israel haciendo llover fuego y azufre del cielo. Sea cual fuese el método, los resultados serán catastróficos.

La victoria es total. El esquema gráfico que nos presenta Ezequiel en el capítulo 39 deja bastante claro lo cabal y desastrosa que será la derrota de la coalicion ruso-musulmana.

Ezequiel abre el capital 39 diciendo: «He aquí yo estoy contra ti, oh Gog». Cuando el remanente de la humanidad tribulacionista vea millones de cadáveres hinchados bajo el cálido sol de Israel, esta declaración pasará a la historia como una de las más grandes de todos los tiempos.

En este pasaje Dios no nos dice cuántos murieron, sino cuántos quedaron: Sólo «una sexta parte» (39.2, Biblia inglesa versión King James). Eso significa que la cifra de muertos alcanzará el 84 por ciento, algo jamás logrado en la guerras de hoy.

La narración de la secuela de la guerra continúa. Ezequiel dice que los cuerpos hinchados de los enemigos de Israel serán banquete para los buitres. Las bestias del campo tendrán un festín cual nunca se había vuelto a ver desde la ocasión en que los perros comieron el cuerpo de Jezabel.

> Sobre la faz del campo caerás; porque yo he hablado, dice Jehová el Señor. Y enviaré fuego sobre Magog, y sobre los que moran con seguridad en las costas; y sabrán que yo soy Jehová. Y haré notorio mi santo nombre en medio de mi pueblo Israel, y nunca más dejaré profanar mi santo nombre; y sabrán las naciones que yo soy Jehová, el Santo de Israel[...] En aquel tiempo yo daré a Gog lugar para sepultura allí en Israel, el valle de los que pasan al oriente del mar; y obstruirá el paso de los transeúntes, pues allí

enterrarán a Gog y a toda su multitud; y lo llamarán el valle de Hamón-gog. Y la casa de Israel los estará enterrando por siete meses, para limpiar la tierra. Los enterrará todo el pueblo de la tierra; y será para ellos célebre el día en que yo sea glorificado, dice Jehová el Señor. Y tomarán hombres a jornal que vayan por el país con los que viajen, para enterrar a los que queden sobre la faz de la tierra, a fin de limpiarla; al cabo de siete meses harán el reconocimiento. Y pasarán los que irán por el país, y el que vea los huesos de algún hombre pondrá junto a ellos una señal, hasta que los entierren los sepultureros en el valle de Hamón-gog. Y también el nombre de la ciudad será Hamona; y limpiarán la tierra (Ezequiel 39.5-7, 11-16).

Los cadáveres de los invasores estarán diseminados por todos los campos y montañas de Israel. Su sepultura tomará siete meses, y en ella participará todo el pueblo de Israel. Ezequiel indica que aun a los turistas se les pedirá que cooperen en la búsqueda de cadáveres por todo el país y los señalicen para su sepultura. Hamón-gog es una palabra hebrea que significa «la multitud de Gog», y ese será el nombre del vasto cementerio de los invasores de Israel.

Y tú, hijo de hombre, así ha dicho Jehová el Señor: Di a las aves de toda especie, y a toda fiera del campo: Juntaos, y venid; reuníos de todas partes a mi víctima que sacrifico para vosotros, un sacrificio grande sobre los montes de Israel; y comeréis carne y beberéis sangre. Comeréis carne de fuertes, y beberéis sangre de príncipes de la tierra; de carneros, de corderos, de machos cabríos, de bueyes y de toros, engordados todos en Basán. Comeréis grosura hasta saciaros, y beberéis hasta embriagaros de sangre de las víctimas que para vosotros sacrifiqué. Y os saciaréis sobre mi mesa, de caballos y de jinetes fuertes y de todos los hombres de guerra, dice Jehová el Señor (Ezequiel 39. 17-20).

Pero no sólo hay tremenda carnicería, sino que las armas de los devastados ejércitos darán combustible a Israel por siete años. En otras palabras, hasta después de la tribulación, hasta principios del milenio.

> Y los moradores de las ciudades de Israel saldrán, y encenderán y quemarán armas, escudos, paveses, arcos y saetas, dardos de mano y lanzas; y los quemarán en el fuego por siete años. No traerán leña del campo, ni cortarán de los bosques, sino quemarán las armas en el fuego; y despojarán a sus despojadores, y robarán a los que les robaron, dice Jehová el Señor (Ezequiel 39.9-10).

¿Sabe lo que significa estar quemando armas durante siete años? Estuve en Israel durante la «Guerra por la Paz de Galilea» dirigida por el general Ariel Sharon en la década del ochenta. Personalmente vi camiones de dieciocho llantas transportar los despojos de guerra en un convoy que se extendía tan lejos que mi vista no lo podía abarcar. Los camiones, avanzando muy próximos el uno del otro, regresaban del Líbano a Israel con una enorme carga de despojos de guerra. Eran provisiones que habían sido almacenadas en el Líbano por la Unión Soviética y se decía que eran tantas que podían mantener en combate por seis meses a 500,000 hombres. A pesar de ser tan grande dicho botín, el ejército israelí lo buscó y almacenó en sólo varios días. Pero Ezequiel describe una guerra tan grande que tomará siete años quemar las armas.

Israel se beneficiará enormente con esto. Ezequiel dice que el botín obtenido de esta masiva invasión le dará a Israel combustible por siete años, y debido a ello los bosques no se tocarán.

Por muchos años, ha sido para mi de grato placer sembrar un árbol cada vez que voy a Israel. Tenemos un lugar llamado «Noche para honrar a Israel» en uno de los bosques israelíes, en el cual añadimos un árbol cada vez que visitamos Israel. ¡Me alegra saber que los ejércitos invasores dejarán tanta leña que «mis» árboles sobrevivirán la guerra!

Debido a la batalla, las naciones prestarán atención

¿Por qué Dios permite que las naciones le hagan la guerra a Israel?

Sólo hay una respuesta: para la gloria de Dios. Ezequiel da a entender claramente que el mundo sabrá que Dios es el Todopoderoso.

Ezequiel declara: «Y seré engrandecido y santificado, y seré conocido ante los ojos de muchas naciones, y sabrán que yo soy Jehová» (Ezequiel 38.23).

¡La tierra está llena de dioses falsos! Algunos claman a Buda, otros a Mahoma, algunos a Satanás, algunos a dioses de su propia creación, pero ¿quién es el Dios Todopoderoso?

Cuando el Dios de Abraham, Isaac y Jacob arrase con los enemigos de Israel en las montañas de Israel (note que Jerusalén y las demás ciudades estarán a salvo), no habrá duda alguna que Jehová es el Dios Todopoderoso. «Será al cabo de los días; y te traeré sobre mi tierra, para que las naciones me conozcan, cuando sea santificado en ti, oh Gog, delante de sus ojos» (Ezequiel 38.16).

En realidad, la única forma de comprender el significado de tan increíble derrota es aceptarla como la voluntad de Dios, como dice Ezequiel. Cumple el propósito de glorificar a Dios ante Israel y ante el mundo y como veremos, para que el tan abatido pueblo de Israel finalmente comience a acercarse al Dios de Abraham, Isaac y Jacob. Ezequiel quiere que el mundo sepa que Dios sobrenaturalmente neutraliza a los enemigos de Israel y los destruye para que su nombre sea glorificado.

El pueblo judío comienza a volverse a Dios

El segundo propósito de esta gran manifestación del poder de Dios es testificar a su amado pueblo judío que sólo Él es su Dios. Ante esta milagrosa victoria, el corazón de los judíos comienza a rendirse al Dios de Abraham, Isaac y Jacob:

Y de aquel día en adelante sabrá la casa de Israel que yo soy Jehová su Dios. Y sabrán las naciones que la casa de

Israel fue llevada cautiva por su pecado, por cuanto se rebelaron contra mí, y yo escondí de ellos mi rostro, y los entregué en manos de sus enemigos, y cayeron todos a espada. Conforme a su inmundicia y conforme a sus rebeliones hice con ellos, y de ellos escondí mi rostro. Por tanto, así ha dicho Jehová el Señor: Ahora volveré la cautividad de Jacob, y tendré misericordia de toda la casa de Israel, y me mostraré celoso por mi santo nombre. Y ellos sentirán su vergüenza, y toda su rebelión con que prevaricaron contra mí, cuando habiten en su tierra con seguridad, y no haya quien los espante; cuando los saque de entre los pueblos, y los reúna de la tierra de sus enemigos, y sea santificado en ellos ante los ojos de muchas naciones. Y sabrán que yo soy Jehová su Dios, cuando después de haberlos llevado al cautiverio entre las naciones, los reúna sobre su tierra, sin dejar allí a ninguno de ellos. Ni esconderé más de ellos mi rostro; porque habré derramado de mi espíritu sobre la casa de Israel, dice Jehová el Señor (Ezequiel 39.22-29).

Ahora por favor note con mucho cuidado que los judíos en esta etapa todavía no aceptan a Jesús como el Mesías. La Biblia dice bien claro que esto sucederá cuando termine la tribulación, cuando el remanente del pueblo judío que viva «mirarán a mí, a quien traspasaron, y llorarán como se llora por hijo unigénito, afligiéndose por Él como quien se aflige por el primogénito» (Zacarías 12.10). Ese es el día, dice la Escritura, cuando «todo Israel será salvo» (Romanos 11.26).

Pero debido a esta batalla cataclísmica en la Tierra Santa, la nación de Israel abandonará su desastrosa relación con el anticristo y comenzará a volverse al Dios Altísimo.

Ahora la pregunta que surge es, ¿dónde estaba el anticristo? ¿Acaso no garantizó la paz y seguridad de Israel? Sí lo hizo.

CAPÍTULO NUEVE

Violencia, venganza... vindicación

Los hechos que ahora describo sucederán rápidamente después del fallido intento de invasión de los reyes del norte y del sur. Algunos de estos acontecimientos ocurrirán en solo días; otros, dentro de pocos meses. Pero recuerde, solo transcurrirán tres años y medio desde la ocupación de Israel por el anticristo hasta que el Mesías lo derrote cataclísticamente. Es durante este período que se manifestarán las verdaderas intenciones del anticristo. Pero antes de hablar acerca de la abrupta caída del anticristo al «lago de fuego que arde con azufre», no pierda de vista las metas que persigue durante toda la tribulación:

- Un gobierno mundial

- Una religión mundial

- Una economía mundial

Preste mucha atención a su llegada. Como agente encarnado de Satanás en la tierra, el anticristo hará en la tribulación exactamente lo que Satanás ha hecho a través de la historia:

- Mentirá

- Robará
- Destruirá
- *Fracasará*

Y cuando alguno de nosotros rechace la autoridad de Dios en cualquier área de nuestras vidas, el resultado será como apostar a un partido de fútbol transcurrido el día de ayer, donde:

- Nos engañarán
- Nos robarán
- Nos matarán
- Nos derrotarán
- No triunfaremos

En la actualidad los medios de comunicación le hacen creer que lo peor que le puede pasar a Estados Unidos sería que los así llamados «Ayatolas del derecho cristiano» establecieran los patrones de moralidad para esta nación. Pero, en realidad, peor que el establecimiento de los patrones de moralidad para la nación de los «ayatolas del derecho cristiano» es *no permitir* que establezcan dichos patrones. Y mientras que la exaltación de Dios en Estados Unidos trajo bendiciones sin par a nuestra tierra, no hay mayor prueba de lo que sucede cuando se abandona y se rechaza a Jehová Dios que la situación mundial durante el reinado del anticristo, y no hay mejor ocasión para que en este mismo instante usted permita que la presencia del dador de la vida, victorioso sobre el diablo y libertador de la esclavitud, Jesús el Mesías, reine en su corazón, su familia y su comunidad.

El anticristo: maestro de la política

El anticristo patrocinará la guerra islámico-rusa contra Israel. Siguiendo los pasos de Satanás como «mentiroso y padre de la mentira», el anticristo quebrantará el pacto que ha hecho con la nación de Israel. En primer lugar, por no haber acudido a su ayuda y, en segundo lugar, por apropiarse de la tierra y el templo de Jerusalén. Además de ser desdeñables las acciones del anticristo, también son muy perspicaces.

En lugar de acudir a la defensa de Israel y exponer al peligro su fuerza militar, el anticristo permitirá que los reyes del norte y del sur desplieguen todos sus recursos militares en contra de Israel. La derrota de Israel infligida por otros ejércitos podría facilitar la ocupación del anticristo.

Por otro lado, si Israel resiste la batalla y causa grandes bajas al rey del norte o del sur, estos debilitados reinos rivales serían aún más susceptibles de que él les subyugue. Así razona el anticristo.

Desde luego que los resultados de esta estrategia sobrepasarán su más salvaje imaginación. No solo se han debilitado estas naciones invasoras, sino que sus muertos alcanzarán el ochenta y cuatro por ciento, su capacidad de ataque e incluso de defensa será prácticamente inexistente en ese momento. Si la coalición ruso-islámica triunfa, es posible que el anticristo tenga algunos motivos de preocupación sobre el suministro de petróleo del Medio Oriente, pero la realidad es que después de la batalla, África y todo el Medio Oriente serán suyas con un esfuerzo menor al que hubiera hecho antes de que invadieran a Israel. «Sí», piensa el anticristo, «¡la vida *es* buena!» Este es el momento preciso para dar el próximo paso.

El anticristo: maestro en religión

Después del dramático debilitamiento de los reyes del norte y del sur, el anticristo decide que ha llegado el momento apropiado para ampliar su poder e influencia al realizar dos de las artimañas más arriesgadas y atrevidas que jamás se ha intentado en la historia humana. Su primera artimaña será abrogar el pacto con Israel.

La importancia de Israel, más que todo Jerusalén y el templo, se justifica solo a la luz de su segunda artimaña: un rápido golpe de estado al poder clave que le ha mantenido desde su ascenso al trono, el engranaje del sistema mundial de religión y comercio conocido (al menos desde la perspectiva de Dios) como «BABILONIA LA GRANDE, LA MADRE DE LAS RAMERAS Y DE LAS ABOMINACIONES DE LA TIERRA» (Apocalipsis 17.5).

Como se imaginará, no es algo bueno que Dios lo vea como «Babilonia».

Es fácil dar la impresión de que el anticristo llegó al centro del escenario mundial únicamente por su destreza militar. Aun cuando su destreza militar es en verdad relevante, nunca olvide que su poder aumenta tanto por su astuta habilidad de formar alianzas como por destruirlas, cuando le convenga, con la misma sagacidad.

El ascenso del anticristo se debe sobremanera al apoyo que disfruta el sistema babilónico, según nos describe Apocalipsis capítulos 17 y 18. Los eruditos no se ponen de acuerdo en cuanto al significado y tiempo exactos de los preciosos temas que aparecen en este pasaje, pero una gran parte del mismo se puede descifrar.

El sistema que Juan revela como «Babilonia la grande» será la fuerza dominante en el mundo durante la primera mitad de la tribulación. Ella gobernará las naciones del mundo, así como al anticristo y su federación europea, lo cual se representa en el libro de Apocalipsis como Babilonia sentada primero encima de los grandes de las naciones y después específicamente encima del anticristo y su federación (Apocalipsis 17.1-3). Su influencia sobre el mundo sale del completo dominio de dos áreas importantes: religión y comercio.

Como sistema religioso, es *poderosa*: domina la tierra (17.1); *pervertida*: no solo glorificando a un falso dios, sino aprobando la vida depravada (17.2-4); *persiguiendo*: «Vi a la mujer ebria de la sangre de los santos, y de la sangre de los mártires de Jesús» (17.6).

Creo que ya se ha preparado el terreno para su sistema religioso mundial con la diseminación de las creencias religiosas de la Nueva Era. Con esto no quiero referirme a quienes duermen debajo de pirámides, elevan oraciones a Gaia, usan cristales, abrazan árboles y escuchan la música de John Denver. Me refiero a la creciente convergencia de la religión y la moralidad sobre algunas creencias básicas:

- Debe permitirse cualquier práctica, porque no debemos juzgar a nadie.*

- Debe respetarse cada creencia, porque no debemos prejuiciar a nadie.*

- Debe permitirse cualquier forma de expresión, porque no debemos censurar a nadie.*

Note que los asteriscos que hemos puesto son significativos ya que enfatizan una excepción importante en cada uno de estos principios. En el sistema babilónico, y en cierto modo en el que tenemos hoy en día, cada uno de estos enunciados terminarán con las palabras «nadie excepto los cristianos». Será perfectamente tolerable juzgar a los cristianos, tener prejuicios contra ellos y censurarlos. Es más, el mundo recomendará tales acciones. Así que puede ver aun en la actualidad cómo se prepara el escenario para que todos los que odian a los cristianos se agrupen, de ahí que durante la tribulación esta prostituida religión llamada Babilonia matará a miles de cristianos, aumentará la perversión y, no obstante, se verá como la quintaesencia en preservar la fe y la moralidad. Al menos en la primera parte de la tribulación, la corrección política será dios y Babilonia la sacerdotisa de esta religión.

Los aspectos comerciales del sistema babilónico se establecen en Apocalipsis 18. Los eruditos bíblicos no se ponen de acuerdo sobre si Babilonia operará comercialmente antes de que el anticristo la subyugue o si su comercio comenzará después que el anticristo tome el control, sobre todo cuando el falso profeta impida la compra y la venta a quienes no tengan «la marca de la bestia».

En todo caso, este sistema comercial será una fuente de vasta riqueza para los reyes y mercaderes que opten pactar con Babilonia:

> Porque todas las naciones han bebido del vino del furor de su fornicación; y los reyes de la tierra han fornicado con ella, y los mercaderes de la tierra se han enriquecido de la potencia de sus deleites[..] Y los reyes de la tierra que han fornicado con ella, y con ella han vivido en deleites, llorarán y harán lamentación sobre ella, cuando vean el humo de su incendio[...] Y los mercaderes de la tierra lloran y hacen lamentación sobre ella, porque ninguno compra más sus mercaderías (Apocalipsis 18.3,9,11).

Como sistema religioso, Babilonia dominará la vida espiritual de los habitantes de la tierra; como sistema comercial, determinará la prosperidad de los mercaderes y gobiernos de la tierra. Por lo tanto, es la fuerza más poderosa del planeta, un obstáculo directo a las intenciones del anticristo de convertirse la figura central de la religión, economía y gobierno de la tierra.

Babilonia debe eliminarse y sucede tan abruptamente que deja atónitos a todos, tanto por la rapidez de la transición como por la extinción de su fuente de riquezas (véase Apocalipsis 18.19).

En ese mismo orden, el anticristo acumula el poder necesario para eliminar al sistema babilónico conspirando junto a:

Diez reyes que aún no han recibido el reino; pero por una hora recibirán como reyes conjuntamente con la bestia. Estos tienen un mismo propósito, y entregarán su poder y su autoridad a la bestia[…] Y los diez cuernos que viste en la bestia, éstos aborrecerán a la ramera, y la dejarán desolada y desnuda; y devorarán su carne, y la quemarán con fuego (Apocalipsis 17.12-13,16).

Pero de lo que no se percata el anticristo es de que Dios ha actuado de manera sobrenatural para darle la habilidad de derrocar el sistema babilónico, ni de que pronto llegará el momento en que el anticristo experimente un juicio abrupto, total y espantoso: «Porque Dios ha puesto en sus corazones el ejecutar lo que Él quiso: ponerse de acuerdo, y dar su reino a la bestia, hasta que se cumplan las palabras de Dios» (Apocalipsis 17.17).

Una vez que el anticristo elimine a Babilonia, se moverá con presteza para llenar el vacío con su propio sistema. Su primer paso será instituir una religión mundial. Aquí es cuando el templo de Jerusalén adquiere importancia y aquí es cuando su tratado con Israel se echa a un lado. «Y por otra semana confirmará el pacto con muchos; a la mitad de la semana hará cesar el sacrificio y la ofrenda. Después con la muchedumbre de las abominaciones vendrá el desolador, hasta que venga la consumación, y lo que está determinado se derrame sobre el desolador» (Daniel 9.27).

El anticristo no solo pasó por alto su propio tratado con Israel, sino que se apodera del templo de Jerusalén para que sirva de punto central de la nueva religión que reunificará a todo el mundo, la nueva trinidad ante la cual el mundo se postrará y la nueva fuerza comercial que controlará el comercio y la comunicación del mundo. Esta religión no es más que la adoración satánica, mostrado en Apocalipsis como el dragón; la adoración a la manifestación visible de Satanás en la tierra, el anticristo; y la adoración del asistente principal del anticristo en la tierra, el falso profeta (véase 2 Tesalonicenses

2.3,4). Usar el templo para los sacrificios y guardar los días santos serán inmediatamente proscritos (véase Daniel 7.25).

Estas dos artimañas audaces, el derrocamiento babilónico y la toma del templo de Jerusalén hacen del anticristo el centro de atención mundial. Pero ha ido demasiado lejos.

El anticristo: maestro del error

La Biblia es clara: «Antes del quebrantamiento es la soberbia, y antes de la caída la altivez de espíritu» (Proverbios 16.18). El más palpable ejemplo humano de este hecho inmutable será el anticristo. Desde el principio, Satanás ha sobreestimado sus habilidades y sobrepasado el alcance de sus dominios, y el anticristo sigue las engañadoras huellas del maligno. Después de la destrucción del sistema babilónico y la ocupación del templo, el anticristo creerá, sin lugar a dudas, que al lograr sus objetivos todo será más fácil en adelante al dirigirse cuesta abajo, lo cual le conducirá al dominio del mundo. Y en cierto modo tiene razón. A partir de aquí, le espera una cuesta que le conducirá directo al abismo.

Al apoderarse del templo y destruir el sistema babilónico, el anticristo no solo logra el exterminio de sus enemigos, sino el enojo y el incremento en número de estos. La localización del templo sigue igual, el mismo centro del tercer lugar más santo del Islam. De modo que los musulmanes volcarán en el anticristo el mismo odio y deseo de venganza que tienen de los judíos.

Pero lo más importante de todo, las acciones del anticristo enfurecerán a los judíos, y su furor arderá en el mismo centro de su ser porque se ha insultado al Dios verdadero y profanado el templo que se ha apartado para la santidad de su nombre. Para ese entonces, ya estarán disgustados con el anticristo por haber quebrantado el pacto y no acudir en su ayuda cuando los reyes del norte y del sur los invadieron. El corazón de los judíos comenzará a ceder delante del Dios Altísimo debido a su milagrosa intervención a su favor al derrotar los reyes del norte y del sur. Ahora, motivados por una combinación de furia y fervor, volverán a su historia en busca de dirección y refugio, de la misma manera que lo hacían en la época de los macabeos, pero en lugar de una simple guerra de guerrillas, intentarán asesinar al anticristo y lo lograrán.

Su descenso al Hades

Adormecido por un sentido de complacencia debido a la arrogancia y las victorias fáciles, la seguridad del anticristo disminuye. Un asesino aprovechará la oportunidad y herirá letalmente la cabeza del anticristo; la herida será tan severa que sus ayudantes le llevarán directamente al juez de primera instancia, sin que lo atiendan en el hospital ni lo socorran los paramédicos. El anticristo está muerto (véase Apocalipsis 13.3). Creo que al morir descenderá de inmediato al Hades o Seol, el infernal lugar donde los que rechazan al Mesías esperan su final e irreversible confinamiento en el lago de fuego. Estimo que esta es una de las razones por las que en el libro de Apocalipsis se nombra el anticristo como aquel que sube del abismo para prevaricar y saquear.

La oferta de Satanás

Así como Satanás llevó a Jesús a una montaña para mostrarle todos los reinos del mundo y ofrecerlos como recompensa, creo que también llevará al anticristo a las profundidades del abismo para ofrecerle los reinos del mundo. Pero contrario a Jesús, que rehusó postrarse ante Satanás, el anticristo con gusto se postrará ante Él y le adorará. A cambio de su adoración, Satanás revitaliza al anticristo y llena lo más profundo de su ser con maldad, odio y crueldad: «Y la bestia que vi era semejante a un leopardo, y sus pies como de oso, y su boca como boca de león. Y el dragón le dio su poder y su trono, y grande autoridad» (Apocalipsis 13.2).

Cuando el anticristo ascienda del Seol, su herida mortal se sanará milagrosamente y revelará a plenitud su religión mundial. Desde esta base, implementará después su sistema de comercio mundial que llegará a ser la palanca que usará para obligar a las naciones del mundo a que se sometan a su control político. Pero ante todo capturará la imaginación y confianza del mundo mediante su milagrosa recuperación:

> Y vi subir del mar a una bestia que tenía siete cabezas y diez cuernos; y en sus cuernos diez diademas; y sobre sus cabezas un nombre blasfemo[...] Y el dragón le dio su poder y su trono, y grande autoridad. Vi una de sus cabezas como herida de muerte, pero su herida mortal fue sanada; y se maravilló toda la tierra en pos de la bestia, y adoraron al dragón que había dado autoridad a la bestia, y adoraron a la bestia, diciendo: ¿Quién como la bestia, y quién podrá luchar contra ella? (Apocalipsis 13.1-4).

Para el satánicamente ciego mundo de la tribulación, la herida del anticristo será semejante a la muerte y resurrección de Jesucristo, con la excepción de que en esta ocasión la verán con sus ojos, a través de CNN.

El asombro del mundo

El anticristo aprovechará el asombro del mundo para reclamar no solo su adoración, sino la misma fuente de su poder, el mismo Satanás. «Y adoraron al dragón [Satanás] que había dado autoridad a la bestia, y adoraron a la bestia» (Apocalipsis 13.4).

Satanás es la fuente del poder del anticristo, pero este delegará dicho poder a un hombre siniestro que la Escritura señala como el «falso profeta». Mientras que al anticristo «se le dio boca que hablaba grandes cosas y blasfemias» (Apocalipsis 13.5), el falso profeta trabajará incansablemente para persuadir o intimidar al mundo y así someterlo a la autoridad del anticristo.

En primer lugar, apareciendo tan manso e indefenso como un cordero, la misión del falso profeta de persuasión, persecución y propaganda revelará que su verdadero origen es similar al de Satanás y al del anticristo. (Véase Apocalipsis 13.11.) Pero mientras que el anticristo viene «del mar», término que designa a las naciones gentiles, el falso profeta viene «de la tierra», o sea, Israel. Al obligar a algunos a adorar al anticristo, también convencerá a muchos otros, dependiendo sobre todo de la habilidad que se le otorgó de realizar «grandes señales, de tal manera que aun hace descender fuego del cielo a la tierra delante de los hombres. Y engaña a los moradores de la tierra con las señales que se le ha permitido hacer en presencia de la bestia» (Apocalipsis 13.13-14). Debido a los milagros que hace y debido a que es judío, algunos creerán que el futuro intento de eliminar al pueblo judío es en realidad un fiel cumplimiento divino de las enseñanzas judías, así de grande será el espíritu de engaño durante la tribulación.

Dentro de las principales habilidades milagrosas dadas al falso profeta estará la construcción en el templo de una imagen de la bestia:

> Y [el falso profeta] engaña a los moradores de la tierra con las señales que se le ha permitido hacer en presencia de la bestia, mandando a los moradores de la tierra que le hagan imagen a la bestia que tiene la herida de espada, y vivió. Y se le permitió infundir aliento a la imagen de la bestia, para que la imagen hablase e hiciese matar a todo el que no la adorase (Apocalipsis 13.14-15).

En pocas palabras, esta estatua, «el exterminador 3», si se quiere, tiene la habilidad de detectar a quienes no adoran a la trinidad satánica y así destruirlos. En realidad, las Escrituras ya han nombrado esta estatua: «la abominación desoladora».

Debido al poder sobrenatural sobre la vida y la muerte que tiene esta imagen, solo basta un pequeño esfuerzo para que se cumpla otra meta de la misión del anticristo, controlar la economía mundial: «Y hacía [el falso profeta] que a todos, pequeños y grandes, ricos y pobres, libres y esclavos, se les pusiese una marca en la mano derecha, o en la frente; y que ninguno pudiese comprar ni vender, sino el que tuviese la

marca o el nombre de la bestia, o el número de su nombre»
(Apocalipsis 13.16-17). El falso profeta persuadirá a algunos;
eliminará a otros; intimidará a algunos, pero todos, salvo los
elegidos, participarán del sistema (véase Apocalipsis 13.8).

Como resultado de su herida mortal y milagrosa recuperación, el anticristo, llamado antes de su asesinato «el hombre
de paz», ahora se convierte en la absoluta encarnación de
Satanás. Es el monstruo más grande que el mundo haya
conocido. Podríamos decir que siente un odio indescriptible
contra el pueblo judío. Y su odio lo comparte con el mismo
Satanás.

Satanás: padre del error

A mediados de la tribulación, el anticristo traza su plan para
controlar la tierra. Simultáneamente, Satanás traza el suyo para
controlar el cielo. Aunque el anticristo parece salir airoso en
un principio, la batalla cabal de Satanás contra el arcángel
Miguel para controlar el cielo no solo da como resultado una
absoluta derrota, sino también su expulsión del cielo:

> Después hubo una gran batalla en el cielo: Miguel y sus
> ángeles luchaban contra el dragón [Satanás]; y luchaban
> el dragón y sus ángeles [demonios]; pero no prevalecieron,
> ni se halló ya lugar para ellos en el cielo. Y fue lanzado
> fuera el gran dragón, la serpiente antigua, que se llama
> diablo y Satanás, el cual engaña al mundo entero; fue
> arrojado a la tierra, y sus ángeles fueron arrojados con él
> (Apocalipsis 12.7-9).

Sin el poder suficiente para predominar en el cielo, Satanás
ataca en la tierra todo lo que Dios valora:

> Por lo cual alegraos, cielos, y los que moráis en ellos. ¡Ay
> de los moradores de la tierra y del mar porque el diablo
> ha descendido a vosotros con gran ira, sabiendo que tiene
> poco tiempo. Y cuando vio el dragón que había sido

arrojado en la tierra, persiguió a la mujer [Israel] que había dado a luz al hijo varón[...] Entonces el dragón se llenó de ira contra la mujer; y se fue a hacer guerra contra el resto de la descendencia de ella, los que guardan los mandamientos de Dios y tienen el testimonio de Jesucristo (Apocalipsis 12. 12-13, 17).

Venganza contra judíos y cristianos

Al arrojarse a la tierra a Satanás y sus ángeles para unir fuerzas con el anticristo y el falso profeta, los poderes del infierno se desplegarán en la tierra como nunca antes en la historia humana. Los objetivos de su ira serán la simiente física de Abraham (el pueblo judío) y su simiente espiritual, «los que guardan los mandamientos de Dios y tienen el testimonio de Jesucristo», es decir, quienes han aceptado a Jesús como Mesías durante la tribulación.

Satanás atacará a judíos y cristianos ya que es la única forma de vengarse de Dios. Incapaz de prevalecer contra Dios desde un punto de vista militar, Satanás procurará vengarse de Él al intentar exterminar al pueblo judío, la niña de los ojos de Dios. Asimismo, el anticristo estará motivado, buscando venganza contra los judíos que intentaron quitarle la vida. Todo esto sucederá al mismo tiempo que se erige la imagen del anticristo en el templo. La advertencia de Dios a la simiente de Abraham es que aquel día es inevitable y apremiante.

[Jesús dijo:] Por tanto, cuando veáis en el lugar santo la abominación desoladora de que habló el profeta Daniel (el que lee, entienda), entonces los que estén en Judea, huyan a los montes. El que esté en la azotea, no descienda para tomar algo de su casa; y el que esté en el campo, no vuelva atrás para tomar su capa. Mas ¡ay de las que estén encintas, y de las que críen en aquellos días! Orad, pues, que vuestra huida no sea en invierno ni en día de reposo; porque habrá entonces gran tribulación, cual no la ha habido desde el principio del mundo hasta ahora, ni la habrá. Y si aquellos días no fuesen acortados, nadie sería salvo; mas por causa de los escogidos, aquellos días serán acortados (Mateo 24.15-22).

Dios preparará en el desierto un lugar especial de refugio para su pueblo. Quienes obedezcan las palabras de Jesús y huyan al desierto, Dios los cuidará durante la última mitad de la tribulación (véase Apocalipsis 12.6).

El área desierta de protección divina se identifica como Edom, Moab y Amón, la Jordania de hoy (véase Daniel 11.41). Sin duda, Jordania disfruta en la actualidad de una relación más cordial con Israel que cualquier otra nación árabe. Es muy importante señalar que aunque el sur de Jordania (Edom) formará parte de la primera invasión islámico-rusa a la Tierra Santa, toda Jordania se librará de las batallas épicas que ocurrirán en la última mitad de la tribulación y que conducen a la batalla del Armagedón.

Personas compasivas protegerán del genocidio a algunos cristianos y judíos que no logren huir al desierto jordano (véase Mateo 25.31-46). A otros los capturarán y asesinarán; estos santos recibirán una bendición especial de Dios por su valerosa devoción a Él en medio de tal horrible persecución y tortura (véase Apocalipsis 14.13).

Este tiempo de persecución durará tres años y medio; Daniel 7.21-22,25 revela qué sucederá a los «santos» o los hijos de Israel en aquel tiempo:

> Y veía yo que este cuerno hacía guerra contra los santos [los judíos] y los vencía, hasta que vino el Anciano de días, y se dio el juicio a los santos del Altísimo; y llegó el tiempo, y los santos recibieron [al finalizar el período de tribulación] el reino[...] Y [el anticristo] hablará palabras contra el Altísimo, y a los santos del Altísimo quebrantará, y pensará en cambiar los tiempos y la ley; y serán entregados en su mano hasta tiempo, y tiempos, y medio tiempo [los últimos tres años y medio de la tribulación].

Vindicación: La batalla del Armagedón

De la misma manera que Dios desalojó a Satanás de las habitaciones santas del cielo, así también arrancará su presencia e influencia de toda la tierra. Muchas veces pensamos que la batalla del Armagedón es un acontecimiento breve que ocurre al finalizar la tribulación, pero todo esto es solo una parte del esquema. En realidad la batalla del Armagedón no es más que un esfuerzo desesperado de tres años y medio por parte del anticristo de sofocar los diferentes levantamientos producidos en contra de su dominio mundial, culminando así en una batalla en las llanuras de Armagedón, la batalla más grande jamás librada, la victoria más determinante jamás lograda y la derrota más grande jamás sufrida.

Hay muchas razones por las que el reinado de la trinidad satánica será antagónico y de corta duración, debido en gran parte a la maldición de Dios sobre todos sus planes. Es importante que entendamos que la trinidad satánica no dominará al mundo debido a su *poder* sino a la *voluntad permisiva* de Dios. La tribulación durará exactamente el tiempo que Dios determinó.

Satanás, el anticristo y el falso profeta causarán exactamente los mismos problemas que Dios les permita, y experimentarán asimismo las dificultades y frustraciones que Dios decida.

No obstante, también existen tres posibles razones desde el punto de vista humano del porqué tantos se oponen al dominio del dragón, la bestia y el falso profeta. Una razón sería la preocupación constante que tiene el mundo musulmán sobre la profanación del monte Moriah (la antigua ubicación de la Cúpula de la Roca). Otra sería que el anticristo es simplemente demasiado poderoso y muy poco confiable para que se le permita continuar aumentando su poder sin oposición. Pero la explicación que a mi juicio tiene más lógica es que las naciones del mundo sencillamente no quieren que el anticristo controle el petróleo del Medio Oriente y harán todo lo que tengan a su alcance para evitar que lo toque. Ahora bien, estas tres razones podrían ser ciertas, pero creo que la última es la más significativa. Por lo tanto, desde este contexto se pondrá en marcha la campaña que conducirá al Armagedón.

La batalla combinada

> Pero al cabo del tiempo el rey del sur contenderá con él [el anticristo]; y el rey del norte se levantará contra él como una tempestad, con carros y gente de a caballo, y muchas naves; y entrará [el anticristo] por las tierras, e inundará, y pasará. Entrará a la tierra gloriosa, y muchas provincias caerán; mas éstas escaparán de su mano: Edom y Moab, y la mayoría de los hijos de Amón. Extenderá su mano contra las tierras, y no escapará el país de Egipto. Y se apoderará de los tesoros de oro y plata, y de todas las cosas preciosas de Egipto; y los de Libia y de Etiopía le seguirán. Pero noticias del oriente y del norte lo atemorizarán, y saldrá con gran ira para destruir y matar a muchos. Y plantará las tiendas de su palacio entre los mares y el monte glorioso y santo; mas llegará a su fin, y no tendrá quien le ayude (Daniel 11.40-45).

No es la primera vez que hemos visto los reyes del norte y del sur. En esta ocasión, como en otras, representan un resurgente Imperio Ruso que conspira junto a una Confederación Panislámica para barrer a Jerusalén y tomar control del petróleo del Medio Oriente. Aun cuando despliegan mucha fiereza en el campo de batalla al atacar a Israel, estos reyes dependerán de sus enormes recursos de hombres y pertrechos para llegar a ser una vez más una poderosa maquinaria de guerra, pero en esta ocasión tendrán incluso una ayuda adicional, ya que se les unirán en batalla los reyes del oriente. Este nuevo enemigo perturbará al anticristo en gran manera.

El ejército de los reyes del oriente que avanza, consta de doscientos millones de hombres que marchan por el centro del sobrenaturalmente seco lecho del río Éufrates hasta el mismo centro del imperio del anticristo. Dado este hecho, al describir al anticristo como «perturbado» quizás hemos usado el término inadecuado. Sin embargo, el anticristo todavía buscará consuelo en saber que ha vencido a los reyes del norte y del sur anteriormente, y aunque tienen un aliado adicional en la confederación de los reyes del oriente, el anticristo tiene tres aliados adicionales a su favor, Satanás; el falso profeta, con el poder de hacer descender fuego del cielo; y la imagen de la bestia, que tiene el poder de destruir a los que rechazan obedecer al anticristo. De modo que si estos reyes quieren guerra, la tendrán. ¿Por qué se levantarán «los reyes del oriente» contra Israel?

Hay varias posibilidades. Primero, no olvide cuán poderoso es el islamismo en el oriente. Mientras que los reyes del norte y del sur parece que proceden de África, el Medio Oriente y Rusia, hay millones de musulmanes celosos de su fe que viven en Afganistán, Pakistán, India, Malasia e Indonesia. A pesar de que no entraron en la primera batalla para recuperar el lugar santo del monte Moriah, su enojo no ha cesado por haberse profanado. Quizás en esta oportunidad el islamismo traerá todo lo que tiene a su disposición para raer de Jerusalén la blasfemia del anticristo, destruir el tercer templo y reconstruir la Cúpula de la Roca.

Naturalmente, estos doscientos millones de hombres podrían proceder de la total secularizada y sobrepoblada nación de la China, la cual también podría tener sus planes con el petróleo del Medio Oriente. Japón, secularizado, próspero y dependiente por completo de las importaciones de petróleo para el funcionamiento de su economía, podría en verdad jugar un papel de vanguardia dentro de esta futura confederación de reyes. En todo caso, creo que la búsqueda de control del petróleo del Medio Oriente es el escenario más factible que motivará a los reyes del oriente a incursionar en la Tierra Santa. Pero para controlar el petróleo del Medio Oriente, deben ante todo deshacerse del anticristo, lo que significa que marcharán hacia su cuartel general en Jerusalén.

La Biblia en sí no nos dice por qué los «reyes del oriente» deciden enfrentar al anticristo, solo nos dice que sí lo harán.

Después de oír las noticias acerca del avance del ejército oriental, el anticristo saldrá del territorio del dos veces vencido rey del sur hacia Armagedón, un campo de batalla natural, para enfrentar el furioso ataque del norte y del oriente.

No obstante los ejércitos del mundo haber convergido en Armagedón como fuerza de confrontación masiva, de pronto su plan cambiará. En vez de contender entre sí, unirán sus fuerzas para enfrentar los ejércitos del Mesías que descienden del cielo a los legendarios campos del Armagedón.

La victoria ganada

No sé qué permitirá que estos ejércitos enemigos se conviertan en aliados para enfrentar el regreso del Mesías. Quizás el anticristo le recuerde a estos ejércitos de lo sucedido a los reyes del norte y del sur cuando intervinieron anteriormente en Israel. Quizás el falso profeta habrá profetizado este acontecimiento, prediciendo un resultado totalmente diferente al que se producirá. Sea cual fuere la razón, los enemigos potenciales se unirán en su desafío al Mesías y así estarán en la destrucción que pronto tendrán.

Los ejércitos derrotados. La Segunda Venida de Jesucristo a los campos del Armagedón constituye uno de los acontecimientos más relevantes de la historia humana y la derrota más desconcertante que ejército alguno jamás haya tenido. Nadie puede superar la magistral descripción que hace Juan de este acontecimiento en Apocalipsis 19:

> Vi el cielo abierto, y había un caballo blanco, y su jinete se llamaba Fiel y Verdadero. Con justicia juzga y hace la guerra. Sus ojos son como llama de fuego, y en la cabeza tiene muchas coronas. Lleva escrito un nombre que nadie conoce sino sólo Él. Está vestido de un manto teñido en sangre, y su nombre es: El Verbo de Dios. Lo seguían los ejércitos del cielo, montados en caballos blancos y vestidos de lino fino, blanco y limpio. De su boca sale una espada afilada para herir con ella a las naciones. «Las gobernará con cetro de hierro». Él exprime uvas en el lagar del furor

de la ira del Dios Todopoderoso. En su manto y sobre el muslo lleva escrito este nombre: REY DE REYES Y SEÑOR DE SEÑORES.

Y vi a un ángel que, de pie en el sol, gritaba con voz fuerte a todas las aves que vuelan en medio del cielo: Vengan, reúnanse para la gran cena de Dios, para que coman carne de reyes, generales y hombres poderosos, de caballos y de sus jinetes, y carne de toda clase de gente, libres y esclavos, pequeños y grandes.

Entonces vi a la bestia [el anticristo] y a los reyes de la tierra con sus ejércitos, reunidos para hacer la guerra al jinete de aquel caballo y a su ejército [Jesús, sus ángeles y los santos que fueron arrebatados al cielo bien al inicio de la tribulación]. Pero fue capturada la bestia, junto con el falso profeta que había hecho las señales milagrosas en nombre de ella. Con esas señales había engañado a los que habían recibido la marca de la bestia y adoraban su imagen. Los dos fueron arrojados vivos al lago de fuego que arde con azufre. Los demás fueron exterminados por la espada que salía de la boca del jinete del caballo, y todas las aves se hartaron de la carne de ellos (vv. 11-21, NVI).

Juan escribe que Cristo tenía «un nombre escrito que nadie conoce sino Él». Como judío, Juan recuerda que Dios apareció a Abraham, Isaac y Jacob con el nombre de el Dios Todopoderoso, *El Shaddai*. Pero no se les reveló con el nombre de Jehová (*Yahweh*; véase Éxodo 6.3). Los patriarcas conocían a Dios como el Todopoderoso, pero no tenían la noción de Él como íntimo amigo y amo, aquel que se deleita en caminar con sus hijos «en la frescura del día». Pero la vestidura de Cristo, bañada de su inmaculada sangre vertida en la cruz, es su manto de oración en el cual está escrito REY DE REYES Y SEÑOR DE SEÑORES.

Juan escribió que el nombre de Cristo estaba escrito en su muslo. Usted quizás se pregunte cómo puede haber algo escrito en el muslo de un hombre y que sea visible al transeúnte. Mientras que los bordes de su manto descansan en sus muslos, el nombre de Jehová Dios se descifrará en cada una de las cuatro esquinas del manto con los singulares lazos y nudos del *tzitzit*, palabra hebrea que significa «flecos». De modo que en su vestidura y en su manto lleva el nombre escrito de «Señor».

El profeta Zacarías añade a la descripción de este día tan esperado, cuando quienes sufrieron el martirio a causa de su testimonio son vindicados al destruir Dios a sus enemigos:

> He aquí el día de Jehová viene[...] yo reuniré a todas las naciones para combatir contra Jerusalén; y la ciudad será tomada, y serán saqueadas las casas y violadas las mujeres; y la mitad de la ciudad irá en cautiverio, mas el resto del pueblo no será cortado de la ciudad.
>
> Después saldrá Jehová y peleará con aquellas naciones, como peleó en el día de la batalla. Y se afirmarán sus pies en aquel día sobre el monte de los Olivos, que está en frente de Jerusalén al oriente; y el monte de los Olivos se partirá por en medio, hacia el oriente y hacia el occidente, haciendo un valle muy grande; y la mitad del monte se apartará hacia el norte, y la otra mitad hacia el sur. Y huiréis al valle de los montes, porque el valle de los montes llegará hasta Azal[...] y vendrá Jehová mi Dios, y con Él todos los santos.
>
> Y acontecerá que en ese día no habrá luz clara, ni oscura. Será un día, el cual es conocido de Jehová, que no será ni día ni noche; pero sucederá que al caer la tarde habrá luz. Acontecerá también en aquel día, que saldrán de Jerusalén aguas vivas, la mitad de ellas hacia el mar oriental, [el Mar Muerto] y la otra mitad hacia el mar occidental [el Mediterráneo], en verano y en invierno.
>
> Y Jehová será rey sobre toda la tierra. En aquel día Jehová será uno, y uno su nombre.
>
> Toda la tierra se volverá como llanura desde Geba hasta Rimón al sur de Jerusalén; y ésta será enaltecida, y habitada en su lugar desde la puerta de Benjamín hasta el lugar de la puerta primera, hasta la puerta del ángulo, y desde la torre de Hananeel hasta los lagares del rey. Y

morarán en ella, y no habrá nunca más maldición, sino que Jerusalén será habitada confiadamente.

Y ésta será la plaga con que herirá Jehová a todos los pueblos que pelearon contra Jerusalén: la carne de ellos se corromperá estando ellos sobre sus pies, y se consumirán en las cuencas de sus ojos, y la lengua se les deshará en su boca (14.1-12).

La batalla por Jerusalén forma parte de la batalla del Armagedón, una confrontación tan compacta que los soldados cubrirán la tierra como langostas, desde las llanuras de Meguido al norte de Palestina, hasta el valle de Josafat cerca de Jerusalén, incluyendo la tierra de Edom al sureste de Jerusalén.

Apocalipsis 14.20 declara que la sangre de esta batalla subirá «hasta los frenos de los caballos» por una distancia de mil seiscientos estadios, alrededor de trescientos veintidós kilómetros. Si usted mide desde el norte de Palestina hasta las fronteras del sur que se describen en esta profecía, descubrirá que la distancia es más o menos esta distancia.[1]

Armagedón, el campo de batalla más natural del mundo, se bañará de sangre. La Biblia anuncia que será por toda la extensión del campo de batalla. Subraye mis palabras, esta batalla de masacre sin precedentes no es una fábula, es real, y cada tic tac del reloj nos acerca a ella.

El acontecimiento principal de esta batalla vendrá cuando el anticristo, que cree que puede derrotar al Dios Todopoderoso, juntará a todos sus ejércitos para enfrentar un ejército celestial encabezado por el mismo Mesías. Quedará eliminado mientras levanta su puño desafiante contra Dios. Su engañadora y jactanciosa lengua quedará en silencio para siempre. La Escritura nos dice: «Pero fue capturada la bestia, junto con el falso profeta que había hecho las señales milagrosas en nombre de ella. Con esas señales había engañado a los que habían recibido la marca de la bestia y adoraban su imagen. Los dos fueron arrojados vivos al lago de fuego que arde con azufre» (Apocalipsis 19.20, NVI). ¡La victoria es del Señor!

Israel protegido. No solo se derrotarán los ejércitos del mundo, sino que el pueblo judío, el objeto del pacto de amor leal, será protegido. Una de las verdades bíblicas que con más frecuencia se pasa por alto es esta: en la misma medida que una nación o individuo haga a la nación de Israel, Dios le retribuye. Dios no pudo ser más claro cuando dijo: «Bendeciré a los que te bendijeren, y a los que te maldijeren maldeciré» (Génesis 12.3).

El anticristo perseguirá, atormentará e intentará aniquilar a Israel; en cambio, Dios lo perseguirá, atormentará y aniquilará de la faz de la tierra. El verdadero Mesías volverá y traerá con Él a los ejércitos celestiales, y el anticristo y sus ejércitos serán destruidos.

Si duda este principio de la Palabra de Dios, observe esto: en cierta ocasión estuve parado junto al Puesto de Revisión Charlie en la frontera que separaba a Berlín Occidental de Berlín Oriental. Me invitaron a Alemania para hablar a los militares estadounidenses y entonces aproveché la oportunidad para dar un paseo. Nuestro guía de Alemania Occidental me preguntó: «Pastor Hagee, ¿por qué cree que Dios permitió a los comunistas construir un muro a nuestro alrededor?»

La respuesta vino al instante porque el día anterior había visitado Dachau. «Porque tus antepasados construyeron un muro alrededor de los judíos en Dachau y Auschwitz», le contesté. «Mira por un momento a ese muro. Tiene doce pies de alto, igual al de Dachau. Está electrificado en la base, igual al de Dachau. Tiene torres de ametralladoras en el centro, al igual que el de Dachau. Todo lo que tus antepasados hicieron a los judíos, hijo, los comunistas se lo hacen a ustedes».

Usted encontrará este principio ilustrado en las Escrituras desde la misma narración de la Pascua: Faraón ordenó a las parteras de Egipto asesinar a todos los niños varones judíos. Cuando Israel salió de Egipto, Dios mató el primogénito de cada familia egipcia (véanse Éxodo 1.15-16; 4.22; y 11.5).

La reconciliación cabal

Ah, amigo mío, quiero que sepa que espero su aparición dos veces en los días venideros: la primera vez solo por un instante para proteger a su Novia, la Iglesia, de los rigores de la tribulación al sacarla de la tierra antes que esta comience. Pero también aparecerá en la tierra por segunda vez. Jesucristo descenderá del cielo y pondrá sus pies en el Monte de los Olivos. Ganará la batalla para Jerusalén e Israel. Al concluir esta batalla, su pueblo al fin entenderá quién es Él en realidad y qué ha venido a ofrecerle. Los corazones de los judíos, abiertos para Dios debido a su intervención al derrotar la coalición ruso-islámica, se rendirán por completo a su Dios verdadero: «Y derramaré sobre la casa de David, y sobre los moradores de Jerusalén, espíritu de gracia y de oración; y mirarán a mí, a quien traspasaron, y llorarán como se llora por hijo unigénito, afligiéndose por Él como quien se aflige por el primogénito» (Zacarías 12.10). Y en aquel momento, la ceguera del pueblo judío hacia su Mesías será quitada y serán salvos:

> Porque no quiero, hermanos, que ignoréis este misterio, para que no seáis arrogantes en cuanto a vosotros mismos: que ha acontecido a Israel endurecimiento en parte, hasta que haya entrado la plenitud de los gentiles; y luego todo Israel será salvo, como está escrito: Vendrá de Sion el Libertador, que apartará de Jacob la impiedad. Y este será mi pacto con ellos, cuando yo quite sus pecados. Así que en cuanto al evangelio, son enemigos por causa de vosotros; pero en cuanto a la elección, son amados por causa de los padres. Porque irrevocables son los dones y el llamamiento de Dios. Pues como vosotros también en otro tiempo erais desobedientes a Dios, pero ahora habéis alcanzado misericordia por la desobediencia de ellos, así también éstos ahora han sido desobedientes, para que por la misericordia concedida a vosotros, ellos también alcancen misericordia. Porque Dios sujetó a todos en desobediencia, para tener misericordia de todos. ¡Oh profundidad

de las riquezas de la sabiduría y de la ciencia de Dios! ¡Cuán insondables son sus juicios, e inescrutables sus caminos! Porque ¿quién entendió la mente del Señor? ¿O quién fue su consejero? ¿O quién le dio a Él primero, para que le fuese recompensado? Porque de Él, y por Él, y para Él, son todas las cosas. A Él sea la gloria por los siglos. Amén (Romanos 11.25-36).

El renacer de Jerusalén

¿De quién hablaba Zacarías cuando escribió:

Canta y alégrate, hija de Sion; porque he aquí vengo, y moraré en medio de ti, ha dicho Jehová. Y se unirán muchas naciones a Jehová en aquel día, y me serán por pueblo, y moraré en medio de ti; y entonces conocerás que Jehová de los ejércitos me ha enviado a ti. Y Jehová poseerá a Judá su heredad en la tierra santa, y escogerá aún a Jerusalén (2.10-12)?

El apóstol Pablo escribió: «Porque no tenemos aquí ciudad permanente, sino que buscamos la por venir» (Hebreos 13.14). Jerusalén ha existido por lo menos desde hace tres mil años; es santa para los judíos, cristianos y musulmanes. A través de la historia, ha sido blanco de conquistas en muchas ocasiones, por muchas naciones: Babilonia en el año 586 a.C., Roma en el 63 a.C., los cruzados en el 1099 d.C. y los musulmanes de nuevo en el 1187 d.C. Durante las guerras árabe-israelíes (antes del 1967), la ciudad estaba dividida: la antigua ciudad la retuvo Jordania y la nueva ciudad llegó a ser la capital de Israel. Pero en la Guerra de los Seis Días del 1967, Israel capturó la antigua ciudad y formalmente la anexó a su territorio.

Pero, ¿qué depara el futuro de Israel? La Biblia tiene mucho que decir sobre la divina Ciudad de David: «Acontecerá también en aquel día, que saldrán de Jerusalén aguas vivas, la mitad de ellas hacia el mar oriental [Mar Muerto] y la otra mitad hacia el mar occidental [Mediterráneo] en verano y en invierno» (Zacarías 14.8). El inerte Mar Muerto cobrará vida por vez primera desde la creación, enlazando a Jerusalén con el Mediterráneo.

«Y Jehová será rey sobre toda la tierra. En aquel día Jehová será uno, y uno su nombre» (Zacarías 14.9). Jerusalén será la ciudad capital desde la cual Jesucristo reinará sobre toda la tierra.

«Toda la tierra se volverá como llanura [Arabá] desde Geba hasta Rimón al sur de Jerusalén; y ésta será enaltecida, y habitada en su lugar desde la puerta de Benjamín hasta el lugar de la puerta primera, hasta la puerta del Ángulo, y desde la torre de Hananeel hasta los lagares del rey. Y morarán en ella, y no habrá nunca más maldición, sino que Jerusalén será habitada confiadamente» (Zacarías 14.10-11). El ambiente alrededor de Jerusalén se transformará en un amplio y llano valle, como el de Arabá. Esto hará que Jerusalén sobresalga como ciudad y que las áreas circundantes sean más fértiles.[2]

La nueva Jerusalén

El verdadero Mesías, Jesucristo, cuando regrese del cielo y venza a la trinidad satánica, reinará desde Jerusalén en el Milenio, el reinado milenial de Dios sobre la tierra. Por primera vez en siglos, Jerusalén no temerá a sus enemigos. Y después del Milenio, cuando Satanás y sus seguidores hayan sido arrojados eternamente en el lago de fuego, Dios destruirá el mundo que hoy habitamos. Luego nos dará un cielo nuevo y una nueva tierra, a la cual descenderá una nueva Jerusalén.

Vi un cielo nuevo y una nueva tierra; porque el primer cielo y la primera tierra pasaron, y el mar ya no existía más. Y yo Juan vi la santa ciudad, la nueva Jerusalén, descender del cielo, de Dios, dispuesta como una esposa ataviada para su marido. Y oí una gran voz del cielo que decía: He aquí el tabernáculo de Dios con los hombres, y Él morará con ellos; y ellos serán su pueblo, y Dios mismo estará con ellos como su Dios. Enjugará Dios toda lágrima de los ojos de ellos; y ya no habrá muerte, ni habrá más llanto, ni clamor, ni dolor; porque las primeras cosas pasaron[...]

Vino entonces a mí uno de los siete ángeles que tenían las siete copas llenas de las siete plagas postreras, y habló conmigo, diciendo: Ven acá, yo te mostraré la desposada, la esposa del Cordero. Y me llevó en el Espíritu a un monte grande y alto, y me mostró la gran ciudad santa de Jerusalén, que descendía del cielo, de Dios, teniendo la gloria de Dios. Y su fulgor era semejante al de una piedra preciosísima, como piedra de Jaspe, diáfana como el cristal. Tenía un muro grande y alto con doce puertas; y en las puertas, doce ángeles, y nombres inscritos, que son los de las doce tribus de los hijos de Israel; al oriente tres puertas; al norte tres puertas; al sur tres puertas; al occidente tres puertas. Y el muro de la ciudad tenía doce cimientos, y sobre ellos los doce nombres de los doce apóstoles del Cordero.

El que hablaba conmigo tenía una caña de medir, de oro, para medir la ciudad, sus puertas y su muro. La ciudad se halla establecida en cuadro, y su longitud es igual a su anchura; y él midió la ciudad con la caña, doce mil estadios [alrededor de 2,253 km]; la longitud, la altura y la anchura de ella son iguales. Y midió su muro, ciento cuarenta y cuatro codos [cerca de 61 m de ancho], de medida de hombre, la cual es de ángel. El material de su muro era de jaspe; pero la ciudad era de oro puro, semejante al vidrio limpio; y los cimientos del muro de la ciudad estaban adornados con toda piedra preciosa. El primer cimiento era jaspe; el segundo, zafiro; el tercero, ágata; el cuarto, esmeralda; el quinto, ónice; el sexto, cornalina; el séptimo, crisólito; el octavo, berilo; el noveno, topacio; el décimo, crisopraso; el undécimo, jacinto; el duodécimo, amatista. Las doce puertas eran doce perlas; cada una de las puertas era una perla. Y la calle de la ciudad era de oro puro, transparente como vidrio.

Y no vi en ella templo; porque el Señor Dios Todopoderoso es el templo de ella, y el Cordero. La ciudad no tiene necesidad de sol ni de luna que brillen en ella; porque la gloria de Dios la ilumina, y el Cordero es su lumbrera. Y las naciones que hubieren sido salvas andarán a la luz de ella; y los reyes de la tierra traerán su gloria y honor a ella. Sus puertas nunca serán cerradas de día, pues allí no habrá noche. Y llevarán la gloria y la honra de las naciones a ella. No entrará en ella ninguna cosa inmunda, o que hace abominación y mentira, sino solamente los que están inscritos en el libro de la vida del Cordero.

Después me mostró un río limpio de agua de vida, resplandeciente como cristal, que salía del trono de Dios y del Cordero. En medio de la calle de la ciudad, y a uno y otro lado del río, estaba el árbol de la vida, que produce doce frutos, dando cada mes su fruto; y las hojas del árbol eran para la sanidad de las naciones. Y no habrá más maldición; y el trono de Dios y del Cordero estará en ella, y sus siervos le servirán, y verán su rostro, y su nombre estará en sus frentes. No habrá allí más noche; y no tienen necesidad de luz de lámpara, ni de luz del sol, porque Dios el Señor los iluminará; y reinarán por los siglos de los siglos (Apocalipsis 21.1-4,9-27; 22.1-5).

¡Qué cuadro tan precioso! ¡Jerusalén que ha sufrido tanto, será redimida en gran manera! La Biblia nos dice que por la fe Abraham veía en realidad la eterna nueva Jerusalén, «la ciudad que tiene fundamentos, cuyo arquitecto y constructor es Dios» (Hebreos 11.10). Muchos de los santos del Antiguo Testamento anhelaban ver la nueva Jerusalén, «por lo cual Dios no se avergüenza de llamarse Dios de ellos; porque les ha preparado una ciudad» (Hebreos 11.16).

Pronto y muy pronto

Al escribir esto, mi corazón se llena de profunda alegría al saber que Jerusalén, la unida capital de la patria judía celebra este año tres mil años de fundada. Estoy haciendo planes para visitar esa amada ciudad durante su celebración, pero al caminar por esos caminos empedrados, sé que mis pensamientos no me permitirán ver todo lo que estará delante de mis ojos, sino que me transportarán a todos los hechos ocurridos siglos atrás y a las cosas que sucederán en un futuro no muy lejano.

Cuando me pare en las afueras de Jerusalén, recordaré lo que dijo Jesús cuando los fariseos trataron de mantenerlo alejado de la ciudad, advirtiéndole sobre los siniestros planes para asesinarlo: «Jesús les dijo[...] He aquí echo fuera demonios y hago curaciones hoy y mañana, y al tercer día termino mi obra» (Lucas 13.32). Esa es una declaración profética e histórica. El salmista escribió que mil años delante de los ojos de Dios son como el día de ayer, que pasó, y como una simple vigilia nocturna (véase Salmo 90.4).

Mil años son como un día. Hoy y mañana, dos días. Dos mil años. El poder del evangelio ha llenado la tierra y al tercer día el Mesías será glorificado en su reinado de mil años en la tierra, el Milenio. Estamos viendo que el segundo día finaliza. El tercer día ya se vislumbra en el horizonte; la aurora vendrá con el regreso del Mesías, *Mashiach*, el Ungido que Dios enviará para inaugurar la redención final en los postreros días. ¿Qué, pues, debemos hacer?

Como el apóstol Pedro escribiera: «Tenemos también la palabra profética más segura, a la cual hacéis bien en estar atentos como a una antorcha que alumbra en lugar oscuro, hasta que el día esclarezca y el lucero de la mañana salga en vuestros corazones. Entendiendo primero esto, que ninguna profecía de la Escritura es de interpretación privada, porque nunca la profecía fue traída por voluntad humana, sino que los santos hombres de Dios hablaron siendo inspirados por el Espíritu Santo» (2 Pedro 1.19-21).

Pedro dio testimonio en este pasaje que los acontecimientos sobre la vida, milagros, ministerio, muerte y resurrección de Jesucristo, no son producto de fábulas artificiosas. Pedro y los demás discípulos vieron a Jesús. Le tocaron, comieron con Él, hablaron con Él, incluso le vieron ascender al cielo. Fueron *testigos oculares* de su majestad. Por eso Pedro dice «tenemos la palabra profética *más segura*». El mismo Pedro, un judío bien familiarizado con la Escritura de los profetas, vio cómo el Señor Jesús cumplió las profecías del Antiguo Testamento; y estaba convencido que de la misma manera que Jesús había cumplido las profecías respecto a su primera venida, así también cumpliría las profecías de los tiempos venideros.

Amigos míos, si no recuerdan nada más sobre este libro, por favor aférrense con todas las fuerzas de su corazón y su mente esta poderosa verdad emanada de la Palabra de Dios, somos la última generación. Somos quienes debemos prepararnos hoy en día para la eternidad. Distinta a cualquier otra generación, somos la única que no podemos dar por sentado el día de mañana. No debemos posponer hasta mañana decisiones y acciones espirituales que pueden hacerse hoy.

Si usted es creyente de Jesucristo el Mesías, levante la cabeza y regocíjese, porque su redención está a la puerta. Hay muchos cristianos que viven como si fueran a permanecer aquí para siempre. Para ellos las palabras de Jesús brillan como una señal de advertencia: «Y será predicado este evangelio del reino en todo el mundo, para testimonio a todas las naciones; y entonces vendrá el fin» (Mateo 24.14).

Si todavía no ha confiado en Jesucristo como el Mesías, las señales de los últimos tiempos deberían motivarle a reconocer que la mano de Dios se está moviendo en la ciudad de Jerusalén y en la nación de Israel. El Mesías viene pronto. Si escucha con cuidado, oirá las pisadas del Mesías a través de las nubes del cielo. Puede escuchar los estruendosos galopes de los cuatro jinetes del Apocalipsis y cómo en este instante aumentan la velocidad, dirigiéndose a la cita que tienen en los campos del Armagedón.

Si este libro sobrevive más del tiempo que me queda en la tierra, y sinceramente creo que lo hará, permítame asegurarle que no es muy tarde para que reconozca a Jesucristo como el Hijo de Dios, el Mesías prometido. Él es en verdad el Rey de reyes y Señor de señores; y quiere darle vida abundante en la tierra y vida eterna en el mundo venidero. Él le ofrece la oportunidad de escapar del día de juicio que se avecina.

PRINCIPIO DEL FIN

Al igual que los dos rostros de Jano en la antigüedad, Israel pronto verá el advenimiento de dos Mesías: uno falso y el otro verdadero.

¿Cuál de los dos escogerá?

Notas

Capítulo 1

1. Reuters Newmedia, «Arab Leaders Flock to Rabin Funeral» [Los líderes árabes acuden al funeral de Rabín], 6 de noviembre de 1995.

2. Reuters Newmedia, «Israel Lays Rabin to Rest» [Israel lleva a descansar a Rabín], 6 de noviembre de 1995.

3. *Ibid.*

4. Michael Chute, «Jim Henry Attends Rabin Funeral; Says World «Galvanized» for Peace» [Jim Henry asiste al funeral de Rabín; dice que el mundo está «preparado» para la paz], *Baptist Press* [no se obtuvo la fecha].

5. Rabbi Eliezer Waldman, Rosh Yeshiva, Yeshivat Kiryat Arba, «Analysis of a Tragedy: From the Pain Must Come Renewed Dedication Toward Rebuilding Jewish Life with Unconditional Love for our Fellow Jew» [Análisis de una tragedia: Del dolor debe surgir una dedicación renovada para reconstruir la vida judía con amor incondicional a nuestro hermano judío], noviembre de 1995. Además, una encuesta realizada por Gallup en Israel durante el 22 al 28 de mayo a nombre del Centro de Investigaciones e Información Palestinoisraelí arrojó los siguientes resultados en cuanto a las actitudes israelitas hacia Jerusalén:

- Menos de 2/3 (65%) de judíos israelitas adultos apoyaba abiertamente que Israel tomara pleno control de Jerusalén.

- Solo el 8% de los judíos adultos creen que los palestinos aceptarán la solución de que Israel tenga absoluta soberanía sobre Jerusalén.

- El 28% está listo para aceptar la solución de una soberanía dividida la cual establece que Israel controlará todo el oeste de Jerusalén y las vecindades judías al este de Jerusalén, mientras que los palestinos controlarán los territorios árabes al este de Jerusalén.

- El 25% cree que los palestinos aceptarán la opción de soberanía israelí de todo el oeste de Jerusalén y las vecindades judías al este de Jerusalén, mientras que los palestinos controlarán los territorios árabes al este de Jerusalén.

- El 56% cree que los palestinos solo aceptarán el pleno control palestino del este de Jerusalén de acuerdo a las demarcaciones del 4 de junio de 1967.

- El 3% apoya el control sin divisiones de Jerusalén por judíos y palestinos.

- El 3% apoya la internacionalización de la ciudad mediante las Naciones Unidas.

6. Tom Hundley y Stores H. Rowley, «Israelis Again Rally for Peace» [Los israelíes de nuevo marchan a favor de la paz], *Chigago Tribune*, 13 de noviembre de 1995.

7. Reuters Newmedia, «Stunned Israel to Continue Rabin's Peace Policy» [El aturdido Israel continuará la política de paz de Rabín], 5 de noviembre de 1995.

8. Reuters Newmedia, «Jordan's King Invokes Martyrdorm» [El rey de Jordania evoca el martirio], 6 de noviembre de 1995.

9. Reuters Newmedia, «Clinton Urges Israelis to Follow Rabin Path» [Clinton exhorta a los judíos continuar los pasos de Rabín], 6 de noviembre de 1995.

10. Serge Schmeman, *New York Times News Service*, 18 de diciembre de 1995. Es importante reconocer que a partir de

diciembre de 1995, la mayoría de los israelíes no están de acuerdo en entregar las Alturas de Golán, no importa cuán dispuesto esté el actual gobierno israelí a negociar. He aquí los resultados de la encuesta:

¿Cree que el presidente de Siria quiere lograr una verdadera paz con Israel?

Sí: 46%

No: 48%

No respondieron: 6%

¿Está a favor o en contra de total retirada de Golán a cambio de la paz con Siria y acuerdos de seguridad adecuados?

A favor: 42%

En contra: 48%

No respondieron: 3%

La encuesta del *Dahaf Institute* se llevó a cabo por «Yediot Ahronot», martes 12 y miércoles 13 de diciembre y abarcó 503 muestras representativas de la población adulta del país. El margen de error es más o menos un 4%. (Publicada en el «Yediot Ahronot» el 15 de diciembre de 1995.)

¿Está a favor o en contra de retirarse de las Alturas de Golán a cambio de un pleno acuerdo de paz con Siria, en los mismos términos logrados en los acuerdos firmados con Egipto y Jordania?

A favor: 35%

En contra: 46%

No saben: 12%

Rehusaron responder: 7%

La encuesta «Mutagim» realizada por «Maariv» el miércoles 13 de diciembre abarcó una muestra de 536 entrevistados de la población judía adulta del país. El margen de error es más o menos el 4,5%. (Publicada por «Maariv», 15 de diciembre de 1995.)

11. *Ibid.*

12. Reuters Newmedia, «Israeli Student Confesses to killing Rabin» [Estudiante israelí confiesa haber matado a Rabín], 6 de noviembre de 1995.

Capítulo 2
1. Noam M. M. Neusner, «Saving Faith» [Fe salvadora], *The Tampa Tribune*, 10 de diciembre 1995.
2. Storer H. Rowley, «Probe Divides Israel's Self-image» [Sondeo divide la autoestima de Israel], *Chicago Tribune*, 28 de noviembre 1995.
3. *Ibid.*
4. Citado por Rowley, «Israel's Self-Image».
5. Tom Hundley, «Beyond Rabin: Life in Israel Has Been Changing for years» [Después de Rabín: la vida en Israel ha estado cambiando por años], *Chicago Tribune*, 12 de noviembre de 1995.
6. Neusner, «Saving Faith».
7. Hundley, «Beyond Rabin».
8. Jerry Adler and Jeffrey Bartholet, «Souls at War» [Almas en guerra], *Newsweek*, 20 de noviembre de 1995, p. 59.
9. Citado por Adler y Bartholet, «Souls at War», p. 59
10. Unión de Rabinos por Eretz Yisrael, «Leading Rabbis from Israel and the Diaspora Held a Conference at the Ramada Renaissance Hotel, Jerusalem, on the 27th Day of Heshvan 5754» [Rabinos relevantes de Israel y la diáspora tienen conferencia en el Hotel Ramada Renaissance, Jerusalén, el 27 del mes de Heshvan 5754], *Jerusalem One*, 11 de noviembre de 1993.
11. Steven Emerson, «A look Inside the Radical Islamist Network» [Una mirada dentro de la radical red islámica], *The New Republic*, 12 de junio de 1995.
12. Citado por Emerson, «The Radical Islamist Network».
13. *Ibid.*
14. *Ibid.*
15. *Ibid.*

16. Ibrahim Sarbal, líder del *Islamic Jihad Movement en Palestina—al Aqsa Brigades*. Cita concedida por la *Anti-Defamation League of B'nai B'rith* [Liga Antidifamatoria de B'nai B'rith].

17. Cita cortesía de la *Anti-Defamation League of B'nai B'rith*.

18. Amos Oz, «Israelis Will Not stand for Fanaticism» [Los israelíes no soportarán el fanatismo], *Newsweek*, 20 de noviembre de 1995.

19. Esquiu, Buenos Aires, 21 de marzo de 1971.

20. Discurso pronunciado en Teherán, *Associated Press*, 19 de febrero de 1979.

21. Michael Horowitz, «New Intolerance Between Crescent and Cross» [Nueva intolerancia entre Crescent y Cross], *Wall Street Journal*, 5 de julio de 1995.

22. *Ibid.*

23. Marty Croll, «Israel Asks: Where is Peace?» [Israel pregunta: ¿Dónde está la paz?], *Baptist Press*.

24. «Israelis Appeal for Unity» [Los israelíes apelan a la unidad], *The Tampa Tribune*, 11 de diciembre de 1995.

25. *Ibid.*

Capítulo 3

1. J. Dwight Pentecost, *Things to come*, Zondervan, Grand Rapids, 1958, p. 320.

2. William Kelly, *Notes on Daniel* [Notas sobre Daniel], Loizeaux Brothers, New York, p. 50.

3. Charles H. Dyer y Angela Elwell Hunt, *The Rise of Babylon*, Tyndale, Wheaton, IL 1991, p. 116.

4. *Ibid.*, p. 107.

Capítulo 4

1. Frank S. Mead, ed., *The Encyclopedia of Religious Quotations* [Enciclopedia de Citas Religiosas], Revell, Old Tappan, NJ, 1965, p. 34.

2. Hank Hanegraaff, «Fullfilled Prophecy As an Apologetic» [Profecía cumplida como apologista], *Christian Research Journal*, otoño de 1989, p. 7.

3. *Ibid.*

4. *Ibid.*

5. *Ibid.*

6. Floyd Hamilton, *The Basis of Christian Faith* [La base de la fe cristiana], Harper And Row, New York, 1964, p. 160.

7. John F. Walvoord y Roy B. Zuck, eds., *The Bible Knowledge Commentary, New Testament Edition* [Comentario del Conocimiento Bíblico, edición del Nuevo Testamento], Victor Books, Wheaton, IL, 1985, p. 873.

8. Nota al calce sobre Isaías 9.1, *The NIV Study Bible, 10th Anniversary Edition*, Zondervan, Grand Rapids, MI, 1995, p. 1023.

Capítulo 5

1. «Doomsday Clock Reset» [La activación del reloj del «día final»], *Tampa Tribune*, 9 de diciembre de 1995.

2. Richard Preston, The Hot Zone [La zona caliente], Random House, New York, 1994, p. 20.

3. *Ibid.*, p. 46.

4. Dr. Aaron Lerner, *Associate, Independent Media Review and Analysis*, «Golan Facts and Myths» [Realidades y mitos de Golán].

5. *Ibid.*

6. John Wesley White, *Thinking the Unthinkable* [Pensando lo inimaginable], Creation House, Orlando, 1992, p. 35.

7. *Ibid.*

8. Alan Unterman, *Dictionary of Jewish Lore and Legend* [Diccionario de Creencias Populares y Leyendas Judías], Thames and Hudson, New York, 1991, p. 72.

9. «Experts Warn of Threat Posed by reinvigorated Diseases» [Experto advierte sobre amenaza de enfermedades revitalizadas], *AIDS Weekly Plus*, 7 de agosto de 1995, pp. 13-14.

10. «Living Longer with AIDS: The True Cost» [Vivir una vida más prolongada teniendo el SIDA: el costo verdadero], *AIDS Weekly Plus*, 31 de julio de 1995, p. 31.

11. Gordon Lindsay, *Forty Signs of the Soon Coming of Christ* [Cuarenta señales de la pronta venida de Cristo], Christ for the Nations, Dallas, 1969, p. 20.

12. *U.S. Geological Survey National Earthquake Information Center* [Centro Nacional de Información Sismográfico de Estudios Geológicos de Estados Unidos], «Frecuencia de Ocurrencia de terremotos». Dicen: «Mientras más y más sismógrafos se instalan en el mundo, más temblores pueden ser y han sido detectados. Sin enmbargo, el número de grandes terremotos (de magnitud 6,0 en adelante) se ha mantenido por lo general constante. Es más, note que la última década ha producido sustancialmente menos terremotos severos que los que muestran los promedios de largos períodos». Sin embargo, es cierto lo que dice la Biblia en cuanto a que los terremotos se *incrementarán* en los postreros días. El número de terremotos detectados asciende a 1,58 veces entre 1983 y 1992.

Capítulo 6

1. Estadística poblacional extraída de *The 1995 CIA World Fact Book* [Libro de realidades mundiales de la CIA, edición 1995].

Capítulo 7

1. Para estar seguros, a medida que la población de los antiguos países comunistas enfrenta las dificultades asociadas con la modernización de su economía, anhelan aspectos de su antiguo estilo de vida. Y así los comunistas (por lo general renacidos como capitalistas de libre comercio) a veces los eligen para ocupar cargos públicos. La memoria es así: La gente recuerda los días cuando podían comer y pagar el alquiler de sus viviendas, y olvida que a pesar de que satisfacían sus necesidades, no podían comprar nada porque los estantes de las tiendas estaban vacíos y también tenían que esperar años y

años antes de que un apartamento estuviera disponible para alquilar.

2. Citado por Henry H. Halley, *Compendio Manual de la Biblia*, Editorial Portavoz, Grand Rapids, MI, 1983 (p. 18 del original en inglés).

3. Douglas MacArthur, discurso ante una reunión conjunta del congreso, 19 de abril de 1951

4. «What Rights Are Being Trounced Upon Here?» [¿Qué derechos se violan aquí?], *Rocky Mountain News*, 9 de diciembre de 1995.

5. Citado por Don Feder, *Pagan America*, Huntington House, Lafayette, LA, 1993, p. 134.

6. Citado en rueda de prensa efectuada por la *Christian Coalition* [Coalición cristiana], el 22 de diciembre 1995. En parte, sigue diciendo: «Después que la *Christian Coalition* se comunicó con el productor ejecutivo de NPR, Ellen Weiss, este admitió que el comentario de Codrescu fue "muy lejos"». Cuando la *Christian Coalition* presionó a la NPR para que se disculpara públicamente, Weiss al principio se negó, pero se comunicó ayer muy tarde en la noche y le dijo que se iba a disculpar en la trasmisión de hoy [es más, se dedicaron treinta segundos a la disculpa el 22 de diciembre]. Ninguna acción legal se planea contra Codrescu. NPR declinó permitir dos minutos en el aire al director ejecutivo de la *Christian Coalition*, Ralph Reed, en el programa «All Things Considered», para ofrecer un punto de vista diferente[...] «Este es otro ejemplo de discriminación religiosa subsidiada con nuestros impuestos», dijo Ralph Reed. «Ya hemos esperado demasiado tiempo para que se privatice completamente la *National Public Radio*. Estos ataques a la gente de fe debe terminar». En realidad terminarán cuando venga el Mesías.

7. *Las posadas* es la versión mexicana de la búsqueda del niño Cristo.

8. Citado por Halley, *Compendio Manual de la Biblia* (p. 19 del original en inglés).

9. *Ibid.*, p. 18.

Capítulo 8

1. Citado por John Wesley White, *The Coming World Dictator* [La venida del dictador del mundo], Bethany Fellowship, Minneapolis, 1981, p. 21.

2. Gran parte de esta información procede del Servicio de Información de las Alturas de Golán del *World Wide Web* [Red mundial]. Para más información, o ayuda, comuníquese con:
The Golan Residents Committee (GRC)
P.O. Box 67
Qazrin 12900, Israel
E-Mail [Correo electrónico]: golan-r@golan.org.il
Mailing list [Listado de correo]: golan-h@golan.org.il
Teléfono: (+ 972)-6-962966/77
Fax: (+ 972)-6-962429
Web: http://www.golan.org.il/

3. La Fuerza Separatista de las Naciones Unidas está acuartelada en Damasco, Syria. Hay alrededor de 1,031 militares, ayudados por los militares observadores del *UNTSO's Observer Group Golan* [Grupo de Observadores de Golán de la UNTSO], los cuales patrullan el área de separación. La fuerza ha tenido treinta y siete bajas en toda su misión. Para más información, véase la página de la red informativa de la ONU (http://www.CAM.ORG/~sac/SACIS).

4. Tom Hundley y Storer Rowlwy, «Israelis Again Rally for Peace», *Chicago Tribune*, 13 de noviembre de 1995.

5. «World Waits to See If peace Process Will Survive» [El mundo espera ver si el proceso de paz sobrevivirá], *The Orlando Sentinel*, 5 de noviembre de 1995.

6. Para mayor información sobre la *Islamic Association for Palestine* [Asociación Islámica de Palestina], busque la página informativa de la misma en el http://www.io.org./~iap/.

7. Chaim Richman, «What is the Temple Institute?» [¿Qué es el Instituto del Templo?]. Para más información acerca del trabajo del *Temple Institute, Jerusalem*, envíe un mensaje electrónico (email) al crlight@netvision.net.il, o un fax a: Rabbi Chaim Richman, 972-2-860-453.

8. Imam Sheik Ahmad Ibrahim, líder del HAMAS, en un sermón en la mezquita palestina de Gaza. Cita provista por la *Anti-Defamation League of the B'nai B'rith.*

9. *The Islamic Association for Palestine*, «Did you know?: Basic Facts about the Palestine Problem» [¿Lo sabía?: Hechos básicos sobre el problema palestino], tal y como aparece en su red informativa en el http://www.io.org/~iap/.

10. Walvoord y Zuck, *The Bible Knowledge Commentary, Old Testament Edition*, pp. 1299-1300.

11. Note que el famoso erudito evangélico Edwin Yamauchi opina que Magog está situada en Turquía, mientras que Charles Dyer cree que el lejano norte «probablemente» abarca «la porción de tierra situada entre los mares Caspio y Negro».

12. Walvoord y Zuck, *The Bible Knowledge Commentary, Old Testament Edition*, p. 1300.

13. *New York Times*, 31 de diciembre de 1995, sección editorial.

Capítulo 9
1. J. Dwight Pentecost, *Prophecy for Today*, Zondervan, Grand Rapids, MI 1961 p. 142.

2. Walvoord y Zuck, *The Bible Knowledge Commentary, Old Testament Edition*, p. 1571.